멘토코칭

MENTOR COACHING

윤석민 강혜옥

박영story

추천의 글

책을 펼치는 순간부터 마지막 장을 덮을 때까지, 영화나 소설처럼 빨려드는 몰입감으로 절정의 재미를 느낄 수 있었습니다. 오직 코칭에 모든 것을 걸었던 윤석민 코치의 남다른 열정이 책의 여러 곳에 드러나 있기에 그의 멘토코치로서 자랑스럽습니다. 윤석민 코치와 처음 만났을 때의 그의 총총 빛나는 눈빛과 명석한 창의력을 보여줬던 순간들을 생생하게 기억합니다. 사람에 대한 순수한 사랑과 눈물겨운 노력으로 즐겁게 수행한 것을 오랜 시간 지켜봐 왔기에 지금의 창의적 코칭 역량 수준과 월드클래스 코치로 성장한 것이 대견하고 당연하다 느껴집니다. 전문성과 탁월성, 인간에 대한 무한 사랑은 '타고난 코치'의 성품 그대로입니다. 이러한 윤석민 코치가 그의 제자인 강혜옥 코치와 합심하여 코칭 과정과 노하우를 아낌없이 담은 이 책이 제게는 매우 반갑고 뜻 깊습니다.

이 책은 쉽고 재미있고 감동스러울 뿐만 아니라 수만 시간에 걸쳐서 진행된 생생한 코칭 노하우와 현실에 근거한 확실한 결과가 담겨 있습니다. 안타깝게도 우리가 사는 이 세상에는 사람들을 현혹하는 식상한 세미나나 현실에 근거가 없는 사탕발림 같은 자기계발서가 존재합니다. 그런 대상은 쉽게 잊히기 마련이고, 이 책이 특별한 이유이기도 합니다. 오랜 시간 고심해온 프로코치의 생생한 노하우와 그 사례를 이 책 한 권으로 살펴볼 수 있다는 건 엄청난 행운이며, 여러분에게 귀한 최고의 선물이 될 것입니다.

숨 가쁘게 살고 있는 현대인에게는 그 무엇보다도 언제 어디서나 나에게 무한한 사랑과 지지를 해줄 수 있는 멘토코치가 필요합니다. 책 속의 '윤코치'와 함께하는 '나쌤'을 통해 여러분에게 다가올 수많은 스승과 이슈에 대한 저항력을 기르고 여러분이 원하는 삶을 이루었으면 합니다. 그러기 위해 이 책을 가까이에 두시기를 권합니다. 책의 내용을 함께 따라 하다 보면 어느덧 스스로는 물론 더 나아가 누군가의 멘토가 되어 있을 것입니다. 지금 이 글을 읽고 계신 분들의 순수한 존재의 탁월성을 발견하고 더 매력적인 나로 깨어나는 데 이 책이 귀하게 쓰일 것임을 저는 확신하며 강력하게 추천합니다.

부디 많은 독자분들이 '미치도록 행복한 나'를 만나기 위한 여정의 안내서인 <멘토코칭>의 소중한 가치를 발견하고 사랑하는 사람들과도 함께 공유되길 바랍니다.

— 윤식민 코치의 멘토코치,
폴정(Paul Jeong), PhD, MCC

■ 폴정 코치 약력 ■

- 미국 버지니아 Regent University(영성학 전공) 박사학위 취득
- 세계 최초 국제코치연맹(ICF) 및 국제코치협회(IAC) 인증 마스터 코치
- 3만 시간 이상 코칭과 2만 시간 이상 ICF ACTP 프로코치 자격 과정 운영(25년)
- ICF ACTP 코스(CPCP 프로코칭 자격증과정 및 코칭 마스터리 과정) 개발
- 중국, 홍콩, 대만, 일본 등 아시아에서 프로코치 양성 및 다수의 저작 활동
- 연세대, 아주대 교수, 서울대, 북경대 객원교수 역임

나를 찾는 여행을 시작하며…

"너 자신을 알라." 소크라테스의 말입니다. 이 어록은 자신과 영혼의 근거에 대한 물음이 되어 많은 사람들에게 영감을 주었습니다. 실제로 자신에 대한 궁금증을 해결하기 위해 다양한 심리진단 도구나 레이블링 게임 등으로 자기분석을 시도하지만, 인간의 정체성을 제대로 알기란 여전히 쉽지 않은 일입니다. 오죽하면 인간은 수학보다 복잡하고 어렵다는 말이 나왔을까요.

<멘토코칭>은 일상적 고민을 벗어나 자기 자신을 알아가는 시간을 선물하기 위해 만들어졌습니다. 나에 대한 보다 명확한 정의, 즉 자기인식능력이 높아지면 삶의 위기를 극복하거나 타인을 이해하는 힘도 커지기 마련입니다.

책 속에 등장하는 코치이(코칭받는 사람) '나쌤'은 이 시대를 살아가는 평범한 인물 중 하나입니다. 흔들리며 피는 꽃처럼 우리의 인생은 다양한 이슈로 가득하며 그로 인해 성장합니다. 각자 마주하는 사건 내용과 크기가 다를 뿐 우리 모두의 삶은 '희로애락'이 반복됩니다. '나쌤'이 '윤코치'를 만나 어려움을 헤쳐나가며 성장하고, 새로운 기회를 만들어 가는 모습은 코칭 현장에서 자주 볼 수 있는 사례입니다. 나에게 매 순간 지지하고 격려해주는 든든한 '윤코치'가 있다면, 그리고 그런 존재가 나 스스로라면 이것은 세계 최고의 후원자를 평생 내 곁에 둔 셈이겠지요.

본 도서는 '쉽게, 단순하게, 품격있게'라는 저희의 슬로건을 바탕으로 실제 코칭현장에서 직접 체험하는 것과 같이 총 다섯 개의 파트로 나누어 이야기를 전합니다.

첫 번째 파트[멘토링을 시작하며]에서는 나에 대한 정보와 가능성을 발견하는 장입니다. 무의식을 탐험하며 잠재된 긍정자원을 발견하고, 건설적인 삶의 리프레이밍을 시도합니다.

두 번째 파트[내 상태 꺼내 보기]에서는 삶을 객관화하는 작업을 통해 넘치고 부족한 부분을 탐색하고 최종적으로 나만의 드림보드를 갖게 됩니다.

세 번째 파트[에너지 집중하기]에서는 바쁘고 지치는 일상 속에서도 강하게 버틸 수 있는 힘, 현대인의 멘탈관리에 도움이 되는 실전 코칭기법을 소개합니다.

네 번째 파트[성장노트 작성하기]에서는 내 삶의 롤모델을 설정하고 그들의 긍정적 특성을 간단한 분석도구를 통해 내 것으로 승화시킬 수 있게 합니다.

다섯 번째 파트[최고의 멘토코치는 '나'다]에서는 거센 바람에도 흔들림 없는 뿌리 깊은 나무처럼 중심 잡기를 위한 든든한 나의 사명서가 완성됩니다.

책의 흐름대로 자연스럽게 따라가면서 각 장마다 제시되어 있는 액션플랜을 적다 보면 어느새 새로운 내 모습을 발견하게 됩니다. 그렇게 만들어진 소중한 결과물은 자신에 대한 신뢰와 자신감, 용기를 지속적으로 충전하는 활력소가 되어 줄 것입니다.

언제나 당신 자신과 연애하듯이 살라
그대가 불행하다고 해서 남을 원망하느라
기운과 시간을 허비하지 말라

어느 누구도 그대 인생의 질에
영향을 미칠 수는 없다
그럴 수 있는 사람은 오직 '당신' 뿐이다
모든 것은 타인의 행동에 반응하는
스스로의 생각과 태도에 달려있다

모든 사람들이 현재의 자신과는 다른

좀 더 중요한 삶이 되고 싶어 하는데

그런 헛된 노력에 매달리지 마라

그대는 이미 중요한 사람이다

-Ernie J. Zelinski-

당신은 이미 중요한 사람입니다. 스스로에게 집중할수록 우리는 더욱 밝게 빛이 나는 존재입니다. 이 책을 읽으신 후 스스로 아는 것과 모르는 것을 구분하고, 내가 원하는 삶을 명확하게 말할 수 있고, 내 안에 잠재되어 있는 새로운 힘을 발견하실 수 있다면 그야말로 저희에게 큰 기쁨이 될 것입니다.

부디 진정 내가 원하는 삶을 위해, 시공을 초월한 희망적이고 유익한 여행이 되길 바랍니다.

2021년 1월

윤석민, 강혜옥

목 차

PART 01

멘토링을 시작하며

- 나의 가능성 발견하기! -

PART 02

내 상태 꺼내 보기

- 내 삶을 객관화하기! -

구성과 특징

01

실제 경험을 통한
스토리텔링
기법으로 코칭에
대해 쉽게
접근할 수 있어요.

> **나쌤** 그럼 필수사항은 이미 정해져 있겠네요.
>
> **윤코치** 그렇죠. 그라운드 룰의 필수사항은 멘토코칭 진행에 있어 매우 중요한 약속입니다. 첫 번째 필수사항은 코칭 받은 내용을 그날 바로 복습하는 거예요.
>
> **첫 번째 필수사항, 오늘 학습한 내용을 나만의 언어로 24시간 안에 정리하기**
>
> **나쌤** 아... 복습이라고 하시면 제가 하는 거겠네요. 어떻게 하면 되나요?
>
> **윤코치** 좋은 질문이에요. 복습하는 시간은 코칭 종료시간을 기준으로 24시간 이내로 하시면 됩니다.
>
> **나쌤** 흠... 실짝 번거로운데요. 꼭 이렇게 해야 하는 이유가 있을까요?
>
> **윤코치** 그 이유에 대해 가장 기본적인 것부터 알아보도록 해요. 많이 알려진 에빙하우

02

도서에 첨부된
매력카드를
이용하여
자가 진단이
가능해요.

A. 아래 여덟 가지 카드 중에서 자신의 현재 모습을 잘 표현하는 단어가 있는 카드를 골라 괄호 안에 숫자를 적어주세요. (   )

03

작성 예시를 보며
스스로 작성해볼
수 있어요.

04

액션플랜의 경우
QR코드를 스캔하면
다운받아 원하는
사이즈로 프린트하여
작성해볼 수 있어요.

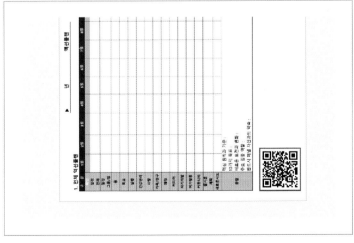

등장인물 소개

윤코치(윤이남)

지혜롭고 낙관적인 리더. 윤이남.

사람 이면의 진실을 보는 현안을 가진 사람. 대대로 교육자로 지낸 명망 있는 집안의 막내아들로 태어나 듬뿍 사랑받으며 자랐다. 남다른 열정과 지혜 때문에 돈을 억수로 버는 존경받는 CEO가 될 줄 알았다. 코칭을 만나기 전까지는. 코칭의 세계에 입문하고 십수년 동안, 산전수전 공중전을 겪으며 사람들의 파란만장한 삶과 함께 하다보니 이제는 척하면 척이다!

윤코치를 만나는 모든 이는 행운아다. 사람의 가능성을 믿어주고 그 안에 잠재력을 찾아주는 진정한 자아 도굴꾼이기 때문에.

나쌤(나빛나)

성공의 경계에 선 여자. 나빛나.

대기업 말단 신입으로 출발하여 잘나가는 차장의 자리까지 올해로 20년 차 워킹맘. 세상에 대한 호기심으로 끊임없이 공부하는 샐러던트의 대표주자. 찔러도 피 한 방울 안 나올 것 같은 도도하고 차가운 이미지, 자기관리의 끝판왕이라고 불린다. 하지만 사람들은 모른다. 이 완벽함을 유지하기 위해 나빛나가 얼마나 치열하고 위태롭게 살얼음판을 걷고 있는지. 반면, 자유와 유쾌함, 인생의 행복에 대한 열망이 얼마나 간절한지.

※ 본 도서는 실제 코칭 사례를 바탕으로 재구성 및 각색하여 작성되었습니다.

코치? '도대체, 뭐 하시는 분인가요?'

'도대체 뭐 하시는 분인가요?'

제대로 나눈 인사도 없었다. 궁금증을 참지 못하고 다짜고짜 질문이 먼저 튀어 나간 것이다. 최대한 예의를 갖추려 노력했음에도 질문 속에는 짜증, 의문, 놀람 등의 뉘앙스도 함께 뒤섞여 있었으리라! 불과 몇 분 전까지 온갖 수모를 다 겪은 터라 나는 간신히 화를 삭이고 있는 상태였다. 이런 내 기분을 알 리 없는 맞은 편 사내. 막대사탕을 쪽쪽 빨아 먹으면서 싱글벙글 웃고 있는 그 모습에 괜히 심술이 나면서도 한편으로는 궁금해서 입이 근질근질했다. '뭐가 저렇게 즐겁고 신나는 걸까?'

일반적으로 한 분야에서 10년 차 경력이면 전문가라고 표현을 한다. 물론, 내실 있는 자기관리를 하며 인고의 세월을 겪은 사람을 말한다. 전문가의 내공이란 위기가 와도 휘둘리지 않는 자기만의 뚝심과 역량을 보유하고 있는 것이건만 나는 그날 10년도 더 된 내 경력에 큰 위기를 맞았다. 그것도 상대가 학생들 때문이라니….

이제 갓 고등학생이 된 새싹 같은 남학생들과 기싸움을 벌였던 그 날을 회상하면 지금도 아찔하다. 내 앞에서 해맑게 웃던 아들 친구들의 모습과는 전혀 달랐다. 진로특강을 시작하기도 전에 몇몇 아이들은 벌써 엎드려 있었고, 잠을 깨우기 위해 무언가를 시도 할수록 그들의 반항은 더욱 거세졌다. 더군다나 그들의 덩치가 또래보다 훨씬 컸던 터라 다른 아이들까지 압도당해 수업 분위기가 엉망진창이었다. 성과는커녕 서로에게 상처만 남긴 채 오전 수업시간 종이 울렸다.

점심식사를 마치고 휴게 공간을 찾아갔을 때였다. 강의 봉사자로 왔던 사람들 중 유독 한 명이 눈에 띄었다. 아니 거슬렸다. 시종일관 밝은 얼굴로 본인이 맡은 학급은 너무 재미있어서 아이들이 뒤집어졌다는 이야기를 들으니 내 속도 뒤집어지는 것 같았다. 운이 안 좋게도 학급배정을 잘못 받은 탓일 거라고 스스로 위로해봤지만, 그래도 어느 정도라는 것이 있는데 우리 반 분위기와 상반된 그의 후기가 내게는 놀라웠고 자존심이 상했다.

"어떻게 진행을 하셨기에 그렇게 분위기가 좋았나요? 좋은 팁이 있으면 공유 좀 해주세요."

초면이고 뭐고 내 자존심은 안드로메다로 간 지 오래였다. 당장 다음 시간이 두려워서 지푸라기라도 잡는 심정으로 그렇게 얻은 몇 가지 팁을 안고 다시 오후특강을 들어갔다. 기적 같은 일이 생겼으면 좋았겠지만, 이미 틀어진 관계는 회복이 어려운 법. 그날은 직장생활 하면서 다섯 손가락 안에 꼽을 만큼의 수치스러운 하루로 마무리되는 듯했다. 진로특강을 마치고 난 후 모든 강사들이 한자리에 모여 학교 담당자로부터 감사 인사를 받았다. 담당자의 마지막 공지를 들으면서도 나는 힐끗 아까 옆 반 강사의 얼굴을 살폈다. 여전히 표정이 밝은 걸 보니 그 반은 마무리까지 꽤 즐거웠던 모양이다. 나는 더 이상 참을 수 없었다.

모든 과정을 마치고 각자 나서려는 찰나! 엄마손 놓칠까 두려워 꽉 잡는 아이마냥 다급하게 붙잡으며 물어보았다.

"저…. 도대체 뭐 하시는 분인가요?"

"아….저요? 저 코치에요. 국제공인 프로코치입니다."

(코치?)

언젠가 친한 대학 동기가 했던 말이 떠올랐다.

'쌤은 코치를 하면 잘할 것 같아. 사람 말 잘 들어주고, 마음이 따뜻한 사람 같아서' 그때는 그저 내가 베푼 호의에 대한 칭찬으로만 들었던 그 이야기가, 불현듯 선명하게 들려오는 듯했다.

"코치가 구체적으로 어떤 일을 하는 건가요? 전에 누가 저한테 코치를 하면 잘할 것 같다고 해서 궁금해서요."

"함께하는 사람들이 원하는 삶을 살면서 더 행복하게 살아갈 수 있도록 돕는 게 코치가 하는 일이에요. 더 궁금한 게 있으시면 따로 설명해 드릴게요. (명함 건네며) 연락주세요."

(세상에 그런 직업이 있나? 과연 수입이 발생할까? 사이비 종교도 아니고 남이 행복해지도록 돕는다니!!!?)

코치가 나를 행복해지게 도울 수 있다고?

운전하며 귀가하는 길,

오롯이 나만의 공간에서 주어진 고요한 두 시간은 요즘의 내 삶을 돌이켜 보기에 충분했다. 직장생활과 가사 병행, 그리고 늦깎이 학생 역할까지 하면서 나는 지칠 대로 지친 상태였다. 에너지가 바닥이 난 상태라 스스로에 대해 생각할 틈이 없었다. 아니 그냥 다 피하고 싶었다. 그동안 잊고 지냈던 것들이 세상 밖으로 나오려 꿈틀대자 내 머릿속은 점점 복잡해졌다. 내가 원하는 삶은 과연 무엇일까. 내 꿈은. 나는 지금 잘살고 있는 건가.

수업에 대한 상처는 이미 잊혀졌다. 대신 시종일관 명랑했던 그 코치의 얼굴이 내 머릿속을 구름처럼 둥둥 떠다녔다. 연락을 한번 해볼까. 정말 코칭이 내게 도움이 될 수 있을까. 수백 번을 고민하며 망설이다가 한 달이 다 되어갈 무렵 용기 내어 전화를 걸었다.

그리고 그 다음 주! 내 생애 첫 번째 코칭이 시작되었다.

현대인에게 멘토코치가 필요한 이유

나쌤의 첫인상은 누가 보아도 프로다운 이미지가 물씬 풍겼다. 그럼에도 불구하고 조용한 표정 뒤에 가려진 심각한 무엇인가를 코치의 직관으로 느꼈다. 그래서일까. 남학생을 대상으로 강의하러 온 강사라기엔 적합해 보이지는 않았다. 물론, 그 기준이 정해져 있는 것은 아니지만, 학생들을 대상으로 강의를 할 때는 밝고 에너지가 넘치는 강사가 유리할 때가 많기 때문이다. 전문코치로 활동하는 사람들도 기피하는 대상이 바로 중·고등학생 특히, 남학생이다. 그들은 강사들의 무덤이라 불릴 정도로 두려운 존재이다. 하지만, 아이들을 워낙 좋아하는 나의 타고난 성향과 교육대상이 힘든 상대일수록 더 잘해내고 싶은 요상한 성취 욕구 때문에 남학생 대상 강의를 자주 다니곤 한다. 오히려, 내게는 매우 신나는 일 중 하나이다.

나쌤과 처음으로 대화를 시작하게 된 건 오전 수업시간을 마치고 강사 회의실에서였다. 학교 측에서 제공해 준 간식을 먹으며 다른 강사들과 오전수업의 내용과 피드백을 서로 공유하는 시간을 가졌다. 그런데 어찌 된 일인지, 내가 신나서 말을 할수록 앞자리에 앉은 나쌤의 얼굴은 심각해지는 것 같아 살짝 신경이 쓰였다. 학생들과 잘 어울릴 수 있는 강의 팁 몇 가지를 공유하고 남은 수업을 마무리하러 각자의 위치로 이동했다.

그렇게 모든 수업을 마치고, 학교 측 담당자와의 미팅까지 끝난 후에 휴게실을 나서려는 찰나! 나쌤이 다급하게 내 쪽으로 말을 던졌다.

"저기요! 도대체 뭐 하시는 분인가요?"

갑작스러운 질문이 당황스러웠지만 그녀의 눈빛은 꽤 간절해 보였다. 순간 별생각이 다 들었다. '왜 내 직업을 물어봤을까?', '초면인데도 이렇게 질문을 하는 걸 보니 꽤 대담한 사람이네' 등 그녀의 호기심 어린 용기가 내게는 꽤 신선했다.

"저요? 저는 국제공인 프로코치입니다."

프로코치가 되기 위해서 필요한 요소는 많지만 크게 두 가지 핵심은 멘토코칭과 코칭 임상시간이다. 우리나라에 코칭이 처음 도입된 시기는 2000년대 초중반, 그 시기만 해도 코칭이 활발하게 보급된 시대가 아니었기에 나 또한 낯설기만 한 단어가 '코칭'이었다. 여기서 말하는 '코칭'과 '코치'는 우리가 일반적으로 알고 있는 운동선수의 코치와는 다른 의미이다.

코치는 한마디로 '한 인간이 자신이 원하는 삶을 살 수 있도록 돕는 사람'으로 정의할 수 있다. 프로코치가 되기 위한 과정은 험난하지만, 그 후에 얻는 만족도는 내가 경험한 그 어떤 직업보다 위대했다.

그 이유로 수없이 많은 사례를 제시할 수 있지만, 한가지 대표적인 사례를 살펴보고자 한다. 파트너 코칭을 할 때였다. 비슷한 실력을 지닌 코치 간에 전화로 임상실습을 하는 시간이었는데, 나는 그동안 배운 대로 상대의 이야기를 정성껏 경청했다. 사이사이 격려 몇 마디가 들어갔을지언정 나의 대화 비중은 거의 경청이 전부였다. 그렇게 30분이 넘는 코칭을 마칠 때 즈음 수화기 너머로 흐느끼는 소리가 들려와 깜짝 놀랐다. 무슨 일인지, 혹시 나도 모르는 실수라도 한 것인가 싶어 조마조마했다. 여러 걱정으로 생각이 복잡해졌을 때 들려온 한마디.

"코치님, 감사합니다. 사랑합니다."

갑자기 시공간이 멈춘 듯 멍해졌고, 나 또한 눈시울이 뜨거워지며 울컥했다. 너무나 큰 세상을 경험했다. 타인의 인생을 진심으로 들어준 것만으로도 감동 받고 감사함을 전해 받던 그 사건은 내가 코칭에 빠져들게 한 결정적인 계기가 되었다. 내가 누군가의 삶에 위로가 되고 도움이 될 수 있다는 것이 엄청난 환희를 가져온다는 것을 깨닫게 된 것이다. 그 시간 이후로 나는 십수년 동안 미친 사람처럼 코칭에 초집중해서 제대로 배우고자 노력했고, 전문 프로코치가 되었다.

많은 현대인들을 만나오면서 발견한 특징은 누구나 내 편을 필요로 한다는 것이다.

또한 스스로를 존중하며 가치 있게 살고 싶어 한다는 것이다. 이것은 인간의 깊은 무의식에서부터 우러나오는 바람이다. 그러나 그렇게 신명나게 사는 사람들이 많지 않다는 것은 참으로 안타까운 현실이다. 인간은 나를 믿고 지지해주는 사람이 단 한 명만 있어도 멋지게 살맛이 난다. 심리학자 에미워너의 한 연구 결론이 이 사실을 뒷받침 해준다. 이 연구는 주민 대다수가 범죄자나 알코올 중독 등 열악한 환경이었던 하와이의 카우아이 섬 안에서 1955년도에 태어난 698명의 아이를 30년간 추적 조사한 것이다. 대다수 아이들이 여러 차례 범죄를 저지르며 사회에 심각한 영향을 끼치는 성인이 된 것과 달리 72명의 아이들은 비행기록 없이 명문대를 진학하고, 스포츠 스타나 타인을 보살피는 등 모범적인 사람이 되었다. 그들의 공통적인 비결은 무엇이었을까. 취약한 조건 속에서도 바르게 성장할 수 있었던 단 한 가지 이유는 그들을 전적으로 신뢰하고 사랑해주는 어른이 한 명은 꼭 있었다는 것이다. 그것이 역경과 고난 속에서도 다시 일어설 수 있는 힘을 실어 주었다. 이 사례는 코칭이 지향하는 방향과 일치한다.

코칭은 전적인 지지와 격려, 시스템을 통해 상대가 원하는 긍정적인 삶에 이르게 할 수 있다. 많은 사람들이 자신의 이야기를 진심으로 들어주고 내 편이 되어 줄 수 있는 사람을 원하고 있다. 그 역할을 하는 사람이 바로 '코치'이며, 이 세상에 멘토코치가 존재하는 이유이다. 인간은 이미 완전한 주체이며, 우리가 원하는 삶을 살기 위한 모든 자원을 지니고 있다. 우리 자신이 얼마나 소중하고 매력적이며 가치 있는지를 매 순간 깨닫기 위해 노력해야 한다.

우리는 모두
내가 누구인지를 알아차리고,
내가 원하는 것이 무엇인지를 발견하며,
내 삶의 주인이 되어 원하는 삶을 살아가는 것을 원한다.
이것이 바로 현대인에게 멘토코치가 필요한 이유이다.

CHAPTER

Life is cooooooool!

Let's COACHING!

START

PART 01

멘토링을
시작하며

- 나의 가능성 발견하기! -

그라운드 룰 설정하기

특별한 코칭은 그라운드 룰부터 다르다
긍정적인 습관을 위한 규칙을 정한다
준비된 시작은 절반의 성공이다

두근두근, 기분 좋은 주말 아침.

오늘은 기다렸던 코칭의 세계에 첫발을 내딛는 날이다. 알람도 없이 일찍 눈이 떠졌다. 소풍 전날 아이처럼 어젯밤 종일 뒤척인 상태인데도 컨디션은 이상하리만큼 짱짱했다. 처음이라는 설렘과 긴장감 때문이었을까. 당장은 무엇을 준비해야 할지 알 수 없어 간단한 필기도구와 노트북만 챙겨 집을 나섰다. 오랜만에 느껴지는 이 긴장감이 좋다. 숨 한번 크게 들이마시며 다짐을 해본다.

초심 잃지 않고 끝까지 잘 해내야지! 아자아자!

나쌤   코치님, 안녕하세요! 오면서 많은 기대를 하고 왔습니다. 잘 부탁드려요.

윤코치   기대하신 만큼 좋은 성과가 있을 거예요. 기대를 한다는 건 그 일에 대한 열의가
            있으시다는 의미니까요. 멘토코칭을 시작하려면 맨 먼저 그라운드 룰을 정해야
            해요.

나쌤   그라운드 룰이라면... 스포츠경기를 할 때 규칙을 정하는 것과 같은 개념인가요?

윤코치   맞아요. 같은 개념으로 이해하시면 됩니다. 학교에 학칙이 있듯이 코칭에서는
            그라운드 룰이 있어요. 우리의 특별한 코칭을 위해서 반드시 필요한 부분들만

골라서 그라운드 룰에 포함시킬 거예요. 기본적인 룰은 지금까지의 수많은 임상과 경험에서 나온 것을 바탕으로 합니다.

나쌤 아. 그렇군요. 그라운드 룰은 어떤 것으로 구성이 되나요?

윤코치 코칭의 종류와 대상에 따라 그라운드 룰은 다르게 적용될 수 있어요. 코칭윤리 지침이나 코칭 철학은 동일하게 적용되지만, 코칭의 과정은 코치와 코치이(코칭을 받는 사람)에 따라서 그라운드 룰이 다르게 적용되기도 합니다.

윤코치의 그라운드 룰은 심플하게 크게 두 가지로 구분이 됩니다.

우선 멘토코칭을 진행하면서 반드시 지켜야 하는 **필수 룰**과 두 번째는 코치이가 자발적으로 **선택하는 룰**이에요. 필수사항이 지켜지지 않을 경우, 코칭 중단과 같은 엄격한 제제가 들어갑니다. 그리고 선택사항은 나쌤과 제가 상호 간에 협의해서 정하게 됩니다. 그리고 한번 정해진 내용은 3개월 단위로 변경이 가능하도록 서로 약속을 하죠.

나쌤 그럼 필수사항은 이미 정해져 있겠네요.

윤코치 그렇죠. 그라운드 룰의 필수사항은 멘토코칭 진행에 있어 매우 중요한 약속입니다. 첫 번째 필수사항은 코칭 받은 내용을 그날 바로 복습하는 거예요.

첫 번째 필수사항, 오늘 학습한 내용을 나만의 언어로 24시간 안에 정리하기

나쌤 아... 복습이라고 하시면 제가 하는 거겠네요. 어떻게 하면 되나요?

윤코치 좋은 질문이에요. 복습하는 시간은 코칭 종료시간을 기준으로 24시간 이내로 하시면 됩니다.

나쌤 흠... 살짝 번거로운데요. 꼭 이렇게 해야 하는 이유가 있을까요?

윤코치 그 이유에 대해 가장 기본적인 것부터 알아보도록 해요. 많이 알려진 에빙하우스의 망각곡선을 한번 떠올려 볼까요? 인간은 한번 배운 것을 시간이 지나면서 점차 잊게 된다는 이론이죠. 하루만 지나도 70% 이상을 망각한다고 하니 놀라

운 일입니다. 하지만, 이것은 한 번도 복습을 하지 않았을 때의 이야기에요. 오래
기억할 수 있는 방법이 있는데 그게 바로 정기적인 복습입니다. 10분, 1일, 1주,
1달 이렇게 자주 복습할수록 오래 남게 됩니다. 그런 이유로 그라운드 룰에 복습
내용을 24시간 이내에 정리하도록 설정한 것이죠. 이렇게 작성된 문서는 수시로
확인이 가능하며, 그 이후 시간에 대한 복습 시스템을 지원해주는 중요한 기초
자료가 됩니다.

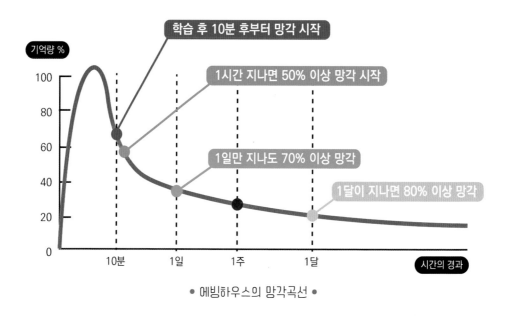

● 에빙하우스의 망각곡선 ●

나쌤   에빙하우스의 망각곡선 들어본 적 있어요. 그리고 제 경우엔 나이가 들수록 기
       억력이 점점 나빠지는 것 같아서 복습하는 것이 꼭 필요하긴 해요. 하하하

윤코치   하하하. 그렇군요. 복습의 목적 외에 중요한 세 가지 원인이 또 있어요.
       첫째, 코칭 과정 진도를 확인하고, 수시로 현황을 상호 체크할 수 있습니다.
       둘째, 코치이가 코칭 후 자신의 언어로 기록하면서 체득하는 데 도움이 됩니다.
       셋째, 코치가 코치이의 학습 수준을 파악하고 체계적으로 관리하는 데 필요합니다.

코칭은 그 무엇보다도 서로 간의 신뢰가 중요합니다. 스스로를 믿을 수 있는 힘, 그리고 서로 간의 약속을 지켜가면서 형성되는 신뢰관계, 그 첫 번째 실천이 코칭 후 복습하기입니다.

나쌤 오호! 깊은 뜻을 알고 나니 꼭 지켜야겠다는 생각이 듭니다. 앞으로 코칭 시간이 끝나고 24시간 안에 복습할게요. 이번 기회에 좋은 습관이 생길 것 같아요.

윤코치 두 번째 필수사항은 코칭이 진행되면서 제시되는 Action Plan 실행하기입니다. Action Plan이란 '실천 계획'을 의미하며, 설정한 계획들을 각 단계별로 제대로 수행해야 다음 단계로 순조롭게 연결됩니다.

두 번째 필수사항, 각 단계별 ACTION PLAN 실행하기

나쌤 코칭 진행을 위해서 꼭 필요한 사항이니 반드시 지키도록 노력하겠습니다.

윤코치 네, 필수는 이 두 가지만 잘 기억하시면 되어요.

나쌤 아까 선택사항 말씀하셨는데, 혹시 그건 제가 정하는 건가요?

윤코치 네, 코치이가 메인이 돼서 선택하고, 저와 상의하면서 결정하면 돼요. 그라운드 룰의 선택사항은 코칭이 정기적으로 진행되는 데 도움이 되는 것으로 제안하시면 됩니다. 이것도 한번 정하고 난 뒤 3개월 주기로 변경 가능하니까 실행해 보고 조정하면 됩니다.

나쌤 선택사항을 정하면 어떤 좋은 점이 있을까요?

윤코치 스스로 선택사항을 정할 경우 자발적 참여를 할 수 있죠. 코칭은 자발적 참여를 통해서 능동적인 변화와 실천을 만들어요. 선택사항에서는 자신의 실행 목표에 맞는 강약의 조절이 가능하기 때문에 실행력을 높게 만들어줘요.

나쌤 선택사항의 강도를 조절하면 확실히 실행력은 좋아지겠네요. 근데 어떤 것을 강하게 해야 하는지 원칙이나 기준이 있을까요?

윤코치 실제 예를 들어보면, 약속한 것 지키기와 지각 안 하기를 설정했다고 가정해볼게요. 이때 약속 지키기는 필수사항과 같은 맥락이기 때문에 강하게(벌금 10만 원), 지각 안 하기는 코치와 코치이의 즐거운 코칭 시간을 만들기 위한 경쟁을 위해서 중간 정도(지각자가 밥 사기 등)로 설정한 적이 있어요. 이런 식으로 각각의 중요도에 따라 강약을 조절하면 됩니다. '스스로 정한 액션플랜'은 각각의 액션플랜에 따라 강약을 조절할 수 있어요.

나쌤 저는 모두 아주 강도 높게 하려고요. 그래야 잘 지킬 것 같아요. 근데 스스로 정한 액션플랜은 뭔가요?

윤코치 하하하! 너무 어려우면 포기하게 돼서 적절한 설정이 좋아요. 스스로 정한 액션플랜은 단계마다 해야 할 것을 정하는 것이에요. 예를 들어 다음 주 코칭 시간까지 '책 3권 읽기'를 정하게 되면 이것을 달성했을 때 자신에게 선물을 주고 못 해낼 경우, 더 잘 지킬 수 있는 시스템을 적용해요.

나쌤 선물과 시스템이라는 말이 이채로워요. 나에게 주는 선물인가요?

윤코치 선물하면 어떤 생각이 떠올라요? 받고 싶고 상상만 해도 즐겁죠? 내 자신에게 주는 선물은 나의 성취감을 높여줘요. 그래서 선물을 주는 것입니다. 시스템은 더 잘해 낼 수 있는 방법이에요. 나쌤은 1주일 동안 약속한 액션플랜을 잘 해낸 자신에게 어떤 선물을 주고 싶어요?

나쌤 그러고 보니 저 스스로에게 주는 선물은 인색했던 거 같아요. 흠…. 최선을 다한 저한테 제가 좋아하는 것을 누리는 '저만의 시간 갖기'를 할래요.

윤코치 오호! 나쌤에게 주는 선물의 시간이 기대가 되네요. 그리고, 단계마다 해야할 것들도 이제부터 '선물'이라고 표현할 거에요.

나쌤 아! 숙제 말씀이신가요? 그걸 왜 선물이라고 하시나요?

윤코치 부정적인 단어를 긍정으로 바꾸는 습관에서 시작했어요. 과제나 책임이라는 말은 답답하고 숨 막힐 듯 의무감이 든다면, 선물과 시스템은 기대와 도구를 활용하는 것과 같아요.

나쌤   와아~ '기대와 도구'라…. 코칭에서 과학적인 면이 느껴져요. 선택사항 3가지도 필수사항만큼이나 잘 지키겠습니다. 그동안 혼자서 끙끙거리다가 계획도 못 하고, 안 하더라도 크게 지장이 없으니까, 멈춰있는 듯한 제 자신에게 실망도 많이 했었거든요. 코치님이 계셔서 제 삶이 선물 같은 날로 채워질 것 같은 기대감이 들어요.

윤코치   제가 지각하게 되면 맛있는 식사로 함께할게요. 지금 정한 그라운드 룰을 필수와 선택으로 나눠서 작성해 보세요.

나쌤   아하! 코치님 기대하세요. 제가 얼마나 비싸고 맛있는 걸 선택할지…. 저도 늦으면 식사내기로 선택사항을 추가할게요. 재밌어요. 코치님과 함께 지각 안 하기 경쟁 같아요. 잘 정리해서 선물을 꼭 받을게요.

윤코치   즐거운 경쟁이 있으면 실천하는 재미도 더 커지겠죠? 그게 바로 멘토코칭의 묘미랍니다.

나쌤의 그라운드룰

① 필수 사항

- 오늘 학습한 내용은 나만의 언어로 24시간 안에 정리하기

- 각 단계별 ACTION PLAN 실행하기

② 선택사항

- 첫 번째, 약속 꼭 지키기 → 약속 불이행 시 기부금 10만 원씩 적립

- 두 번째, 지각하지 않기 → 지각하면 코치님께 밥 사기

- 세 번째, 약속 이행하고 나서 나에게 선물하기 → 나만의 시간 갖기(영화감상, 낮잠 등)

함께해보기

나만의 그라운드 룰 설정하기

<필수사항>

1. 오늘 학습한 내용은 나만의 언어로 24시간 안에 정리하기
2. 각 단계별 ACTION PLAN 실행하기

<선택사항>

1._____

2._____

3._____

4._____

5._____

02 나의 무의식(잠재역량) 탐험하기

나의 무의식(잠재역량)은 모든 가능성을 갖고 있다
그 가능성을 깨우는 힘은 그것을 제대로 알 때 가능하다
내 안에 숨겨진 보물 같은 매력을 찾아 이 세상에서 더 빛나게 하자

한 여자가 중병에 걸려 이 세상과 저 세상을 방황하고 있는데 어디선가 목소리가 들려왔다.

"너는 누구냐?"

"저는 쿠퍼 부인입니다. 이 도시 시장의 안 사람이지요"

"네 남편이 누구냐고 묻지 않았다. 너는 누구냐?"

"저는 제니와 피터의 엄마입니다."

목소리는 대답에 만족하지 못하고 계속 물었다.

"네가 누구의 엄마냐고 묻지 않았다. 너는 누구냐?"

"저는 선생입니다. 초등학교 학생들을 가르칩니다."

"너의 직업이 무어냐고 묻지 않았다. 너는 누구냐?"

"저는 매일 교회에 다녔고, 남편을 잘 보조했고, 열심히 학생들을 가르쳤습니다."

"나는 네가 무엇을 했는지 묻지 않았다. 나는 네가 누구인지를 물었다."

결국 여자는 다시 이 세상으로 보내졌다. 그리고 병이 나은 다음 그녀의 삶은 많이 달라졌다.

- 앤소니 드 멜로 -

긍정대마왕 윤랄라 선배가 아침 일찍 글 한편을 보내주었다. 아무 생각 없이 읽다가 뜨끔했다. 내 정체성에 대한 질문. '너는 누구냐?' 그러게 나는 누구일까. 나는 뭐라고 대답할 수 있을까. 짧은 세월을 산 것도 아닌데 선뜻 대답을 찾지 못하다니…. 내 이름이나 가족, 직업 등이 더 이상은 나를 증명할 수 없다는 것을 깨달은 후였다.

순간, 이 질문에 시원하게 답할 수 있는 사람이 있을지 의문이 들었다. 윤랄라 선배에게 물었다.

"선배는 뭐라고 답하실 거예요?"

"나? 난 나지! 하하하"

함께 까르르 웃으며 대화를 마쳤다. 그런데, 기분이 이상하다. 자리에 앉아 생각하면 할수록 선배의 답이 현답이라는 생각이 들었다. 말뿐만이 아닌 '난 바로 나'라고 자신할 수 있는 그 근거를 찾고 싶었다. 마침 이번 주 코칭 시간에 무의식에 대해 다룬다고 했으니 나에 대해 제대로 알 수 있겠단 기대감이 든다. 주말에 코치님을 만나 물어볼 것들이 갑자기 마구 떠오른다. 궁금한 사항들을 질문지로 우선 정리부터 해봐야겠다.

나쌤 코치님!!! 정말 뵙고 싶었어요. 물어보고 싶은 것이 너무나 많아요. 제가 이번 주에 (블라블라)

윤코치 (끝까지 경청한 후) 아하! 정말 많은 일들과 큰 깨달음이 있었군요. 항상 열의에 찬 모습 보기 좋습니다. 마침 오늘이 '나'에 대해 알아보는 시간이니 분명 도움이 되실 겁니다. 우선 자신의 잠재역량을 알 수 있는 방법을 나눌 거예요. 본인의 강점 역량 3가지는 뭐가 있을까요?

나쌤 사실… 잘 모르겠어요. 특별히 잘하는 것도 못 하는 것도 없는 것 같네요. 당장은 제가 어떤 강점을 갖고 있는지가 잘 생각나지 않아요. 저조차도 제가 정말로 잘하는 것이 무엇인지, 어떤 가능성이 있는지가 매우 궁금한걸요.

윤코치 인간의 무한한 가능성에 비하면 눈으로 보여지는 것은 매우 작은 비중을 차지해요. 심리학자 프로이드는 빙산 모형을 비유하여 의식과 무의식을 설명했어요.

의식은 곧바로 자각할 수 있는 상태이고, 무의식은 어떤 특정한 환경하에 있지 않으면 자각하기 어려운 상태를 의미합니다. 아래 빙산 그림(원초아는 본능적이고 충동적인 욕구, 자아는 현실과 본능 사이의 중재 역할, 초자아는 내면화된 가치관)처럼 실제로 보이는 것보다 훨씬 더 큰 잠재력이 무의식의 영역을 차지하고 있답니다. 그래서 자신의 잠재역량을 잘 파악하고 있는 것이 꼭 필요해요.

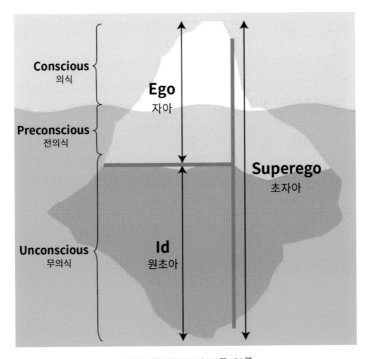

• 프로이드의 아이스버그 이론 •

나쌤   그런 것 같아요. 아무리 좋은 재능을 갖고 있다 하더라도 찾아내지 못하면 말짱 꽝이죠. 예전에 들었던 늑대소년 이야기가 생각이 나요. 인간으로 태어났지만, 늑대들 사이에서 자랐던 아이가 인간세계로 돌아와서 끝내 적응하지 못하고 얼마 후에 사망했거든요. 인간의 본질을 갖고 태어났음에도 동물의 세계에 갇혀 잠재된 역량이 발휘되지 못했던 거죠.

윤코치   좋은 사례네요. 인간에게 잠재된 역량은 끊임없이 발굴하는 노력이 필요해요.

나쌤   네. 근데, 저도 노력해봤는데 혼자서 찾는 게 정말 어렵더라고요. 오늘 코치님이 함께 찾아주시는 거죠?

윤코치   그럼요. 자신이 어떤 사람이며 어떤 잠재역량이 있는지 알아보기 위해서 우선 '매력카드'를 활용해서 알아볼 거예요. 매력카드는 MBTI와 DISC 그리고 NLP 선호표상체계를 창의적으로 융합해서 개발한 겁니다. 총 32장의 카드를 보여드릴 텐데요. 그중에서 4장의 카드를 안내에 따라 선택하시면 자신이 갖고 있는 잠재역량 메타프로그램을 알 수 있어요. 메타프로그램이란, 예를 들어 (비과학적이지만) 사람의 혈액형에 따라 어떤 유형의 사람이다라고 분류하는 것과 유사해요. 내가 어떤 기질과 행동특성을 갖고 있는지를 파악하는 것이죠.

나쌤   매력카드! 이름이 참 멋지네요. 과연 제가 어떤 사람일지 기대됩니다.

함께해보기

매력카드 진단하기

<진단방법>

■ 4개(A, B, C, D)의 매력카드 그룹별로 각 1장씩 선택하여 총 4장의 카드를 고릅니다.

- A, B, C, D의 그룹별 카드(각 8장으로 구성)에 적힌 원 안의 키워드를 읽어보고, 자신의 현재 특징과 가까운 카드를 1장 선택합니다.

- 선택하는 것이 어려울 경우 4장 → 2장 → 1장의 식으로 여러 장을 선택 후 줄여나가는 방식으로 최종 1장을 선택할 수 있습니다.

<예시>

A. 아래 여덟 가지 카드 중에서 자신의 현재 모습을 잘 표현하는 단어가 있는 카드를 골라 괄호 안에 숫자를 적어주세요. (   )

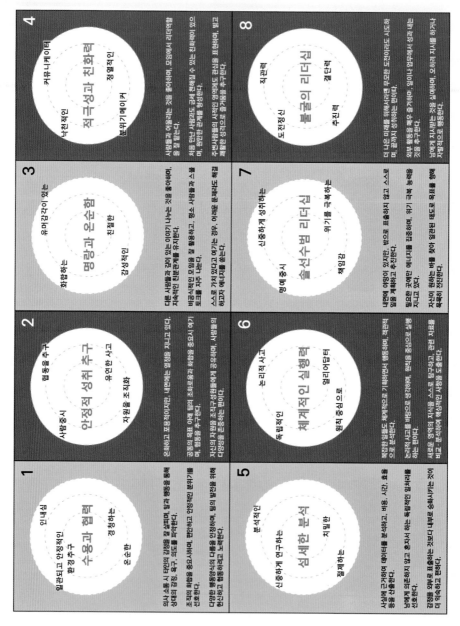

B. 아래 여덟 가지 카드 중에서 자신의 현재 모습을 잘 표현하는 단어가 있는 카드를 골라 괄호 안에 숫자를 적어주세요. (　　　)

C. 아래 여덟 가지 카드 중에서 자신의 현재 모습을 잘 표현하는 단어가 있는 카드를 골라 괄호
안에 숫자를 적어주세요. (   )

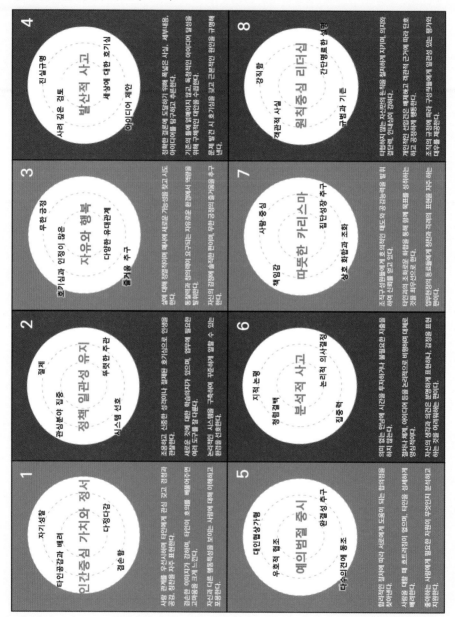

D. 아래 여덟 가지 카드 중에서 자신의 현재 모습을 잘 표현하는 단어가 있는 카드를 골라 괄호
안에 숫자를 적어주세요. (　　　)

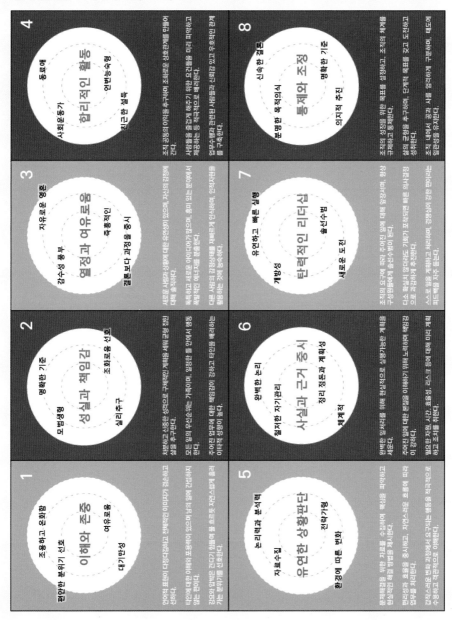

<집계표 작성하기>

- A, B, C, D카드 영역별로 선택한 카드의 숫자를 아래 표의 칸에 동그라미(O) 표시해
  주세요.

구분	S	I	C	D	DISC \ MBTI
A카드	1	3	5	7	I
	2	4	6	8	E
B카드	1	3	5	7	S
	2	4	6	8	N
C카드	1	3	5	7	F
	2	4	6	8	T
D카드	1	3	5	7	P
	2	4	6	8	J

- 나의 MBTI 유형 확인하기(가로)

  선택한 4장의 카드에서 자신이 선택한 숫자에 맞는 우측의 알파벳을 찾습니다.
  A그룹 중 선택한 카드의 숫자 2, 4, 6, 8은 영어 알파벳 E를, 1, 3, 5, 7은 I를 표기합니다.
  B그룹 중 선택한 카드의 숫자 2, 4, 6, 8은 영어 알파벳 N를, 1, 3, 5, 7은 S를 표기합니다.
  C그룹 중 선택한 카드의 숫자 2, 4, 6, 8은 영어 알파벳 T를, 1, 3, 5, 7은 F를 표기합니다.
  D그룹 중 선택한 카드의 숫자 2, 4, 6, 8은 영어 알파벳 J를, 1, 3, 5, 7은 P를 표기합니다.

- 나의 DISC 유형 확인하기(세로)

  D, I, S, C 중에서 가장 많이 표기된 곳을 찾습니다.

결과예시>

구분	S	I	C	D	DISC \ MBTI
A카드	1	3	5	7	I
	2	4	6	8	E
B카드	1	3	5	7	S
	2	4	6	8	N
C카드	1	3	5	7	F
	2	4	6	8	T
D카드	1	3	5	7	P
	2	4	6	8	J

* 위 사례의 경우 MBTI 유형은 INTJ가 되고, DISC 유형은 I유형이 됩니다.

○ DISC 결과 해석표

DISC는 1928년 미국 콜롬비아 대학의 심리학 교수인 윌리엄 몰튼 마스톤(william Moulton Marston) 박사가 고안한 인간의 행동유형패턴을 검사하는 방법입니다. DISC의 구성은 Dominance(주도형), Influence(사교형), Steadiness(안정형), Conscientiousness(신중형)의 4가지로 되어 있으며, DISC는 이 4가지 유형의 머리글자를 따서 이르는 말입니다.

신속한

특징
반대 극복, 성과 창출, 신속한 의사결정, 결과중시
목표 지향적, 지도력 발휘, 도전정신, 변화 선호
리더십, 적극적인 태도, 추진력, 결단력, 솔선수범

특징
분위기메이커, 활동적, 낙천적, 사교적, 매너
반응이 좋음, 감성적, 그룹활동 선호, 친화력
긍정적인 태도, 용서를 잘함, 예술적, 표현력 풍부

선호활동
독립적인 일, 의사결정 기회, 지시할 기회
경쟁에서 이기기, 빠른 결과 성취에 대한 인정
다양한 일 추진, 변화, 도전할 기회

선호활동
함께 일하기, 열정적, 낙천적, 재미있는 활동
다른 사람과 문제해결, 다양성, 융통성
아름다움 표현, 감정표현할 기회

비선호활동
예민한 사람들, 우유부단함, 느린 행동이나 반응
자신이 내린 결정에 대한 지적, 이용당함
유약한 이미지로 비춰지는 것, 통제력 상실

비선호활동
엄격한 규칙, 지나치게 신중한 사람, 분석 중시
소통 기회가 제한된 환경, 가라앉은 분위기
소외감, 무반응

업무지향 ← **D   I**   → **사람지향**
        C   S

특징
분석적 사고, 원칙중시 도덕성, 책임감, 논리적
객관적, 정확성 점검, 치밀하고 헌신적, 성실성
절제력, 배려심, 양심적, 체계적

특징
온화함, 참을성, 인내력, 유연함, 안정 추구
위대한 경청자, 일관성 있는 일처리, 협동심
평화적인 조력자, 충성심

선호활동
정확성 요구되는 일, 끝마무리 잘함, 계획수립
세부사항 챙기기, 데이터 수집, 자료분석하기
창조성에 대한 인정, 위험요소 예측하기

선호활동
협력적인 관계, 충성심 보여주는 것, 겸손함
상호 배려, 팀으로 일하기, 약자 돌보기
서비스 제공, 안정되고 조화로운 업무환경

비선호활동
자신이 한 일에 대한 비판, 비논리적 의사결정
시간 약속 불이행, 게으름, 갑작스런 업무 요청
즉흥적인 행동 요구, 부주의함, 감정표현

비선호활동
의견불일치, 갈등 발생, 시끄러운 환경, 방해받음
거친 행동이나 말, 변덕부림, 안정성 상실
갑작스런 변화

차분한

⊙ MBTI 결과해석표

MBTI(Myers-Briggs Type Indicator)는 칼 융의 심리유형론을 기반으로 하여 스위스 심리학자인 브릭스(Katharine Cook Briggs)와 메이어(Isabel Briggs Myers)가 고안한 자기보고식 성격유형지표입니다. 인간 행동에서 나타나는 나름의 질서와 일관된 경향을 바탕으로 외향과 내향, 직관과 감각, 사고와 감정, 판단과 인식으로 구분하여 총 16가지의 성격유형으로 분류한 분석도구입니다.

외향적

EN 변화선호	NT 진리추구	NF 사실추구	SF 인간애	ST 생산성	ES 현실지향
	ENTJ 열정적, 솔직함, 단호함, 통솔력, 대중연설, 지적 대화, 정보에 밝음, 지식에 대한 관심과 욕구, 자신감, 긍정적인 에너지	**ENFJ** 주위에 민감, 책임감, 타인의 생각이나 의견과 감정 중시한 일처리, 따뜻한 리더십, 사교성 풍부, 인기있고 동정심이 많음, 칭찬이나 비판에 민감하게 반응	**ESFJ** 따뜻한 마음, 이야기하기 좋아함, 사람들이 따름, 양심적, 남을 도움, 능동적인 구성원, 조화 중시, 격려나 칭찬을 좋아함, 이타적	**ESTJ** 구체적, 현실적, 사실적, 실용성 중시, 조직화, 리더십, 주도성, 사업가형	EJ 추진력
	ENTP 민첩, 독창적, 넓은 안목, 팔방미인, 넘치는 의욕, 새로운 일 시도, 복잡한 문제 해결, 달변가, 세부적인 면 간과하기 쉬움	**ENFP** 따뜻하고 정열적, 활기, 재능이 많고 상상력이 풍부, 항상 남을 도와줄 태세, 즉흥적, 새로운 것에 대한 끊임없는 시도	**ESFP** 사교적, 수용적, 친절함, 인생을 즐김, 재미있는 사람, 호기심, 구체적인 사실 기억, 사람을 대상으로 하는 일에 탁월	**ESTP** 실질적인 문제해결, 근심이 적음, 기계 다루는 일, 친구 사귀기, 강한 적응력, 관용적, 보수적인 가치관	EP 활동적
직관형	**INTJ** 독창적인 사고, 창의력과 비판적 분석력, 강한 내적 신념, 독립적이고 단호함, 능력 중시, 목적달성을 위한 노력파	**INFJ** 인내심, 독창적, 타인에게 말없이 영향력을 미침, 양심적, 따뜻한 관심 표현, 원리원칙 중시, 공동의 선을 추구, 확신에 찬 신념	**ISFJ** 조용하고 친근함, 책임감, 양심적, 헌신적, 안정감, 철저하고 성실, 정확함, 충실하고 동정심이 많음, 타인의 감정에 민감	**ISTJ** 신중함, 뛰어난 집중력, 철저함, 구체적, 체계적이고 조직화에 능함, 사실적, 논리적, 현실적, 신뢰가는, 주위 시선 의식 적음	IJ 진지함	**감각형**
	INTP 과묵함, 이론적 추구, 논리와 분석, 과학적 문제, 지적 호기심, 뚜렷한 관심 분야, 아이디어에 관심, 모임과 잡담에는 관심 없음	**INFP** 정열적, 충실함, 자신을 잘 드러내지 않음, 일을 벌리는 경향, 학습이나 언어 등에 관심, 친근함, 물질적 소유나 물리적 환경에 관심이 적음	**ISFP** 말없이 다정함, 친절함, 민감함, 겸손함, 갈등을 피함, 자기 견해나 가치를 타인에게 강요 하지 않음, 여유로움, 현재에 충실함	**ISTP** 차분함, 인생 관찰자, 절제된 호기심, 유머감각, 기계에 대한 관심, 논리적인 원칙에 따라 사실을 조직화	IP 관조적
IN 사고발달					IS 유지선호

내향적

윤코치　두 번째로 만날 잠재역량 탐색은 '내 안에 매력 찾기'에요. 이것은 다수의 사람들이 나의 잠재역량을 찾아주는 방법입니다.

나쌤　다른 사람들이 제 잠재역량을 찾는다고요? 그게 가능할까요?

윤코치　그럼요. 인간의 잠재역량은 우리가 모르는 사이에도 많은 정보를 처리하는 놀라움을 지니고 있죠. 스페인의 투우시합 용어에서 유래한 MOT(Moment Of Truth)를 생각해보죠. 상대방의 마음을 사로잡거나, 첫인상을 결정하는 데 걸리는 평균 시간은 0.6초로 매우 짧다는 이론입니다. 지인은 물론, 설령 처음 보는 사람들일지라도 서로의 매력, 즉 잠재역량을 충분히 찾아낼 수 있어요. 최소 10명 이상에게 인터뷰를 해보시길 권해드려요. 다양한 사람들과 해보시면 더욱 좋고, 여러 번 하시는 건 더더욱 좋습니다.

나쌤　흠... 생각해보니 저도 짧은 순간에 다른 사람들의 특징을 알아차리곤 하니까 가능할 것 같긴 한데 조금 쑥스럽네요. 그럼 제 지인들에게 전화나 문자로 인터뷰를 진행해도 되나요?

윤코치　하하하. 쑥스러움은 잠깐이에요. 잘 이겨내 보시고요, 인터뷰 방법은 자유입니다. 직접 만나거나 전화, 온라인 대화를 통해서 하셔도 돼요. 실제로 이 방법으로 지인들 모두에게 인터뷰를 받아서 자신의 매력 찾기를 완성한 분들이 많이 있어요.

나쌤　매력 인터뷰라... 다른 사람들이 찾아주는 것이니까, 어쩌면 더 객관적인 분석이 될 수 있을 것 같아요.

윤코치　기간은 2주 안에 가능하면 처음 보는 사람 10명 이상의 분들을 만나요. 주변에 있는 지인들 중에 10명을 선정해서 매력 인터뷰를 해도 괜찮아요. 지금부터 방법을 알려드릴게요.
첫 번째, 간단한 본인소개를 합니다. '안녕하세요? 저는 OOO입니다.'
두 번째, 눈을 마주 보면서 이야기합니다(온라인의 경우 생략). '저를 보고 떠오르는 긍정적인 단어 3가지를 알려주시겠어요?' 그런 후 충분히 생각할 수 있는 시간을 주세요.

세 번째, 인터뷰 한 사람의 이름을 메모합니다.

네 번째, 총 30개 이상(10명 × 3개의 긍정적인 단어)의 단어를 적은 매력 인터뷰지를 완성합니다.

다섯 번째, 완성된 인터뷰 내용 중에 자신이 생각할 때 나와 가장 가까운 단어 세 개를 선택해요.

여섯 번째, 그 단어를 갖고 한 문장을 만들어 봅니다.

예를 들어 가장 맘에 드는 단어가 '매력', '긍정적', '지혜로움'을 선택했다면 '나 나쌤은 매력적이고 긍정적이며 지혜로운 사람이다.'라고 문장을 완성해요.

일곱 번째, 나의 매력을 대표할 수 있는 것 하나를 선택해요. 최종적으로 한 개의 단어가 나의 매력브랜드입니다. 나 나쌤은 지혜롭다. '지혜 – 나쌤'으로 자신의 브랜드를 모두에게 알리세요.

단! 단순히 외모에 대한 칭찬으로 마무리되지 않도록 주의해 주세요!

나쌤   오홋! 재밌겠어요. 다른 사람들이 저를 어떻게 보는지도 이번 기회에 알 수 있고요. 저 벌써 매력적인 사람이 된 거 같아요. 빨리해보고 싶어요.

나쌤의 매력 찾기

1. 인터뷰 내용

NO	인터뷰이	나의 매력 3가지		
1	박OO	열정적	뚜렷한 신념	지적인
2	윤OO	추진력	뛰어난 역량	세심함
3	최OO	예의바름	야무진	자기관리
4	정OO	커리어우먼	밝은 에너지	투지
5	송OO	지성	유머러스함	자기관리
6	김OO	지혜로움	끈기	자기관리
7	서OO	맑음	책임감	섬세함
8	노OO	반듯함	밝은 에너지	단정한 목소리
9	김OO	지혜로운	자기관리	고급스러운
10	윤OO	열정	매력	스마트함

2. 키워드 선택하기

지혜로움, 밝은 에너지, 자기관리

3. 문장 만들기

나는 지혜롭고, 밝은 에너지를 갖고 있으며, 자기관리를 잘 하는 사람이다.

함께해보기

나의 매력 찾기

1단계. 10명 인터뷰하기

– 지인이나 처음 만나는 사람에게 자유롭게 인터뷰를 진행해주세요.

　* 우선은 자유롭게 이야기할 수 있도록 하는 것이 가장 좋습니다. 대답하기 어려워하는 상대
　　의 경우에는 아래 카드를 보내서 고르는 방법을 활용해주세요.

'저를 보고 떠오르는 긍정적인 단어 3가지를 알려주시겠어요?'

겸손한	온유한	긍정적인	따뜻한	사랑스러운	책임감 있는	절제하는
진실한	예의 바른	창의적인	성실한	이해심 많은	절약	솔선수범하는
분별력 있는	신중한	경제력	섬세한	용기 있는	리더십 있는	자비로운
지혜로운	담대한	경청하는	순종	공경하는	덕이 있는	결단력 있는
포용적인	정의로운	만족스러운	지적인	충직한	유연한	설득력 있는
파워 있는	다정한	감사	열심히 하는	온순한	분석적인	신뢰 가는
안정적인	근면한	끈기 있는	사교적인	조심성 있는	단정한	냉철한

NO	인터뷰이	나의 매력 3가지		
1				
2				
3				
4				
5				
6				
7				
8				
9				
10				

2단계. 나와 가장 가까운(or 마음에 드는) 키워드 세 가지 선택하기

1) _____   2) _____   3) _____

3단계. 문장 만들어 완성하기

_____

03 긍정적인 변화를 위한 리프레이밍

언제나 긍정을 신뢰하며 스스로 변화할 수 있다
부정적 자원을 긍정적으로 리프레이밍(틀 바꾸기) 하자
나의 프레임을 자유롭고 유연하게 만들자

쨍그랑! 으악!

손에서 놓친 접시가 깨지면서 요란한 소리를 냈다. 3일간의 휴가를 내고 밀린 집안일을 하던 중이었다. 말이 휴가지 워킹맘인 나의 휴가는 대체로 살림과 육아를 하며 시간을 보낸다. 집 안 청소, 빨래, 가족 식사 등을 챙기다 보면 휴식을 취할 시간은 거의 나지 않는다. 깨진 접시 조각을 치우면서 갑자기 억울하다는 생각이 들었다. 주중에는 일하느라 바쁘고, 주말에는 주중에 가족들이 먹어야 할 반찬을 마련하거나 친정과 시댁을 오가며 안부를 챙겨야 하느라 바쁘다. 그런데 휴가마저도 이렇게 보내고 있다니! 나는 불평불만 가득한 신데렐라가 되어 씩씩대며 집안일과 싸우고 있었다. 한번 이런 생각이 들기 시작하더니 꼬리에 꼬리를 물고 늘어지기 시작한다.

모든 일을 긍정적으로 생각하라는데 좋은 일이 있어야 그것도 가능하지. 흥!

이런 생각들이 내 에너지를 갉아먹고 있다는 사실을 알면서도 멈춰지지 않았다. 결국 퇴근하고 돌아온 남편과 아들에게 짜증 시한폭탄을 던지고야 말았다. 가족 간에 어색해진 분위기를 등지고 나는 내 요새인 안방으로 숨어버렸다. 이런 내 모습이 한심하면서도 쉽게 마음이 달라지질 않는다.

긍정적인 내가 되기 위해 좋은 생각을 떠올리려고 노력하다가도 습관처럼 부정적인 생각들이 치고 올라온다. 심지어 아무 일도 일어나지 않으면 그 자체로도 두려울 때가 있다. 부정적인 생각에 휘둘리는 나. 과연 바뀔 수 있을까?

나쌤   아휴, 삶이 지치네요. 회사도 집도 어디 하나 편한 곳이 없어요. 제 삶은 왜 이렇게 힘든 건지 모르겠어요. 좋은 일보다 부정적인 것들이 더 많아서 스트레스가 심한데 이럴 때는 어떻게 하면 좋을까요?

윤코치   부정적인 정서를 긍정으로 바꾸는 코칭기술 중에 '리프레이밍'이란 기법이 있어요. 기존에 자신이 갖고 있는 부정적 프레임을 긍정적 프레임으로 유연하게 바꿔주는 기술이에요.

나쌤   제가 갖고 있는 프레임을 바꾼다고요? 제 생각엔… 유달리 제 삶이 여러 가지로 힘들거든요. 근데도 그게 프레임만 바꾼다고 가능할까요?

윤코치   가능하죠. 코칭은 리프레이밍의 연속이에요. 지속적으로 연습하다 보면 부정적이었던 자원들이 오히려 긍정적인 것으로 바뀌게 되고, 그 자원들이 모여서 성장과 발전을 돕는 동력이 될 겁니다.

나쌤   자신의 프레임이 나를 힘들게 하고 있는지는 어떻게 알 수 있어요?

윤코치   무의식이 정답을 알고 있어요. 사람은 고유의 틀을 갖고 살아가는 데 그것을 우리는 프레임이라고 부릅니다. 이 프레임은 사람마다 다양한 형태로 나타나며 우리도 모르는 사이에 불편하거나, 친근한 느낌을 전해줍니다. 특히, 나를 힘들게 하는 프레임을 많이 가진 사람일수록 사람과 상황에 대한 불편한 감정을 자주 느낍니다.

나쌤   아, 그렇군요 그것도 극복이 가능할까요?

윤코치   그럼요, 프레임을 유연하게 바꾸는 리프레이밍을 하면 됩니다. 우선 나를 힘들게 하는 대상을 우리는 '스승'이라고 부를 겁니다. 내면에서 저항이 생기는 것은 좋은 신호입니다. 저항에서 오는 부정적 에너지가 긍정적으로 변하는 과정에서 성장의 결과가 나타나거든요. 그래서 저항을 만들어주는 스승은 나의 성장에 아주 좋은 분들입니다. 이제부터 생각을 바꿔보세요. 혹시 주변에 스승이 많으신가요? (웃음)

나쌤   하하 어떻게 아셨어요? 제 주변에 스승이 많은 것 같아요.

윤코치   에너지는 순환하면서 상승과 하락의 과정을 거치게 되는 것이 순리입니다. 지금 자신의 상황이 바닥이라면 대박 포인트에 있는 것이니 앞으로는 더 많은 성취가 능성을 기대할 수 있겠죠? 반대라면 언젠가는 내려갈 수 있다는 불안감도 함께 공존하게 됩니다. 이것을 경계 포인트라고 해요. 자신의 위치에서 언제든 자유롭게 변화할 수 있는 코칭 기술이 바로 리프레이밍입니다. 이것을 상세하게 알려드릴게요.

대박 포인트

경계 포인트

• 에너지 곡선-대박 포인트와 경계 포인트 •

나쌤   아하, 그럼 저는 대박 포인트에 있었네요. 생각을 바꾸니까 마음이 한결 가벼워져요. 코칭은 정말 긍정의 끝판왕인가 봐요.

윤코치   가장 중요한 키워드는 '배경'과 '의미'입니다. 이 두 가지를 잘 기억해 두세요.

┃ 리프레이밍의 원리는 '의도와 행동을 구별하는 것'에서 시작해요.

즉, 같은 행동(부정적인 것처럼 보일 때) 안에서 긍정적 의도(내면의 가치)를 찾아내는 것, 리프레이밍을 통해서 부정/불신에 있던 초점을 '가능성'의 초점으로 옮겨 새로운 시작을 할 수 있게 합니다.

1. 배경(상황) 리프레이밍(배경을 바꾸어 부정적 프레임을 바꿈)

   - 어떤 상황에서든 모두 적용 가능함.

   [예시 ①]

   갑(Action): 저는 차분하거나 침착하지 못해서 항상 생각보다 행동이 앞서죠.

   → 을(Reframing질문): 네, 그런 행동이 혹시 도움이 되는 경우(경험)도 있나요?

   갑: 네, 그래도 남들이 뭔가 주저할 때, 저 때문에 일이 진행되는 경우가 있었죠.

   → 을: 네, 그것은 정말 대단한 능력이시네요. 한 발자국도 못 나갈 것을 움직이게 하셨네요.

   [예시 ②]

   갑: 항상 걱정이 많죠. 이러면 어쩌나, 저러면 어쩌나 하구요.

   → 을(Reframing답변): 모든 사람들이 아무 걱정도 안 하는 분위기에서는 도리어 그런 자세가 중요해요. 발생할 수 있는 리스크에 대한 대책도 미리 세울 수 있고요.

   ※ 주로, 저는 너무 ~ 합니다. / 저는 항상 ~한 경향이 있어요. / 저는 ~을 끊을 수 없어요 등의 말을 하는 사람에게 효과적으로 사용할 수 있어요.

2. 의미 리프레이밍

   (같은 행동이라도 다른 관점에서 바라보는 것)

   [예시 ①]

   갑(Action): 저는 가진 게 없어요. 그래서 의욕도 없고요.

   → 을(Reframing답변): 당신은 건강한 몸과 당신을 사랑하는 가족이 있잖아요.

   → 갑(Reframing반응): 아, 그렇군요. 가까운 곳에 소중한 것이 있었네요.

[예시 ②]

갑: 아이디어가 나오지 않아요. 이게 저의 한계인가봐요.

→ 을(Reframing답변): 지금까지 좋은 아이디어를 3개나 내셨잖아요. 지금은 충전 기간이에요.

갑: 그럴까요?

[예시 ③]

갑: 언제나 말하고 싶은 것을 잘 표현을 못 하겠어요. 남들 앞에서 주눅이 들어요.

→ 을(Reframing답변): 그래도 지금 제 앞에서는 잘하고 계시는 데요. 지금처럼 할 수 있다고 자신감을 가지는 편이 훨씬 나아요.

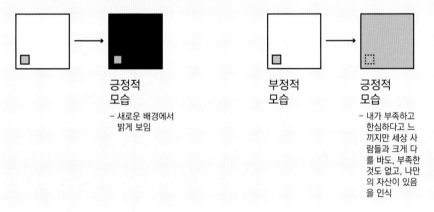

긍정적
모습

- 새로운 배경에서
  밝게 보임

부정적
모습

긍정적
모습

- 내가 부족하고
  한심하다고 느
  끼지만 세상 사
  람들과 크게 다
  를 바도, 부족한
  것도 없고, 나만
  의 자산이 있음
  을 인식

● 리프레이밍의 원리 ●

위의 그림을 보면 리프레이밍의 원리를 잘 알 수 있어요. 부정적인 것이 머물면 언제든지 배경과 의미를 바꾸세요. 리프레이밍을 통해서 '**언제나 긍정적인 삶 속에 있게 하는 것.**' 이것이 핵심 포인트입니다!

나쌤　　리프레이밍의 키워드 '배경'과 '의미'를 잘 기억해서 순간순간 적용해 볼게요. 이 걸 해보면 좀 더 자유로워질 거라는 기대가 돼요.

> 리프레이밍은 배경과 의미를 바꿔주며,
> '언제나 긍정적인 삶 속에 있게 한다.'

목표와 전략 설정 - GROW 모델 적용하기

목표는 실행력을 높이는 최고의 선물이다
삶을 바꾸는 지혜는 전략적 선택에 따라 달라진다
구체적인 실행계획과 코칭 시스템으로 무장하자

악! 너무 힘들어서 죽을 것 같아.

그래도 계속 달려야 한다! 절대 뒤처지면 안 된다! 달려!!!

알람소리에 놀라 잠에서 깼다. 압박감이나 스트레스에 시달릴 때면 어김없이 찾아오는 그 꿈을 꾸었다. 나무의 나이테 위에서 무, 배추와 함께 무작정 달리는 꿈이다. 원이 미로처럼 끊임없이 연결되어 있어 끝이 없이 그냥 달리고 또 달린다. 경쟁 상대가 야채들이라 다소 우스꽝스럽긴 하지만, 그 꿈을 꾸고 난 다음 날이면 영락없이 더 큰 피곤함이 찾아온다.

내 삶도 크게 다를 바가 없다. 목표점 없이 하루하루 바쁘게 살아가기도 하고, 어쩌다 목표설정을 해두었다 하더라도 금세 포기하는 것이 일상다반사다. 다이어트는 이십 년째 하고 있지만, 몸무게는 나이가 들수록 늘어만 간다. 영어는 삼십 년째 새해 목표로 잡고 있지만 어쩌다 외국인이 말을 걸어오면 나는 망부석이 되어버린다. 목표한 것을 끝까지 해내는 힘은 과연 어디에서 나오는 것일까?

나쌤　요즘 계획했던 일들이 잘 진행이 되지 않아서 고민이에요. 어젯밤에는 악몽까지 꾸었어요. 그냥 뭔지도 모르고 달리고만 있더라고요. 나도 모르게 답답한 생각이 들 때도 있어요. 무엇을 위해서 살아가고 있을까? 이런 고민을 하다 보면 자꾸 핑계만 생기고 지쳐서 잠들기 바빠요. 뭔가 더 잘 해내고 싶은데 좋은 방법이 있을까요?

윤코치　힘든 시간을 보내셨군요. 답답하고 계획한 것들이 잘 안 지켜질 때는 목표와 전략을 설정해 보는 게 필요하죠. 그러면 오늘은 GROW 모델을 알려 드릴게요. 이 방법으로 자신을 정돈하게 만들고 실행력을 높일 수 있어요. 여기에 5가지 시나리오 전략을 함께 활용하면 더 좋은 효과를 얻을 수 있습니다. 또한 대인관계 문제해결, 목표한 성과달성 등도 기대할 수 있어요.

나쌤　신기하네요. 제가 필요한 것들이 말하면 다 나오네요. 코칭의 세계는 정말 무궁무진한가 봐요.

윤코치　'인간은 스스로 답을 창조할 수 있다.' 이것이 코칭 철학이에요. 코칭에서는 사람의 가능성에 대해서 한계를 정하지 않아요. 오늘은 그 가능성을 어떻게 풀어나가는지 살펴볼게요.

> ### 코칭철학
> ### '인간은 스스로 답을 창조할 수 있다'

나쌤　사람을 한 번에 변화시키는 코칭기술 같은 것이 있나요?

윤코치　사람을 한 번에 바꾸는 마술 같은 것은 기대하지 않는 것이 좋아요. 우리가 나누는 코칭은 매주 규칙적인 시간을 통해 내-외면의 성장을 경험하게 되죠. 단기보다는 중장기 계획을 갖고 실생활에서 구체화해 나가는 것이 필요해요.

나쌤　GROW가 '성장하다'는 그런 뜻인가요?

윤코치　코칭대화 모델의 첫글자를 합쳐서 만든 게 GROW 모델입니다.

Goal   목표

Reality   현실

Option   선택

Will   의지

이 방법은 자신은 물론 타인에게도 적용이 가능합니다. 다만 다른 사람과 GROW 모델을 시작하기 전에는 라포 형성이 필수입니다. 준비가 되지 않은 상태의 대화는 한쪽 방향으로 흐를 수 있죠. 상대방과 같은 수평적 위치에서 대화를 시도하면 대화의 질이 달라지게 됩니다. 라포기술은 매칭(같은 자세를 맞추는 것), 아이컨텍(같은 눈높이로 바라보는 것), 페이싱(호흡과 말의 속도를 맞추는 것), 미러링(비슷한 행동을 15~30% 정도 따라 하기), 백트레킹(잘 듣고 있다는 것을 전달해주기)의 5가지 기술이 있어요.

나쌤   오호, 이런 기술도 있었군요. 라포를 유지하는 게 중요한 거였네요. 집에서는 거의 라포없이 대화를 하다 보니 제 얘기를 잘 듣지 않아서 짜증을 내는 경우가 많았는데 오늘부터 써봐야겠어요.

윤코치   네. 좋아요. 다시 이어서 설명해 드릴게요. G는 목표인 GOAL의 첫글자입니다. 이 단계에서는 코칭주제를 결정하게 되고 코칭주제의 목표달성을 위해 집중합니다. 코칭대화에서 다루는 주제는 1회차 최대 2시간 이내에 다룰 수 있는 내용으로 포커싱을 해요.

나쌤   그럼 매주 코칭주제는 한가지 정도로 진행이 되는 거네요.

윤코치   맞아요. 주제는 가장 중요한 것을 먼저 다루고, 그 후에 시간적 여유가 생기면 다음 세션 내용에 대한 것을 나눠요. 그다음 단계는 R로 이것은 Reality(현실)를 말하며 목표를 실행하기 위한 현실적인 어려움은 무엇이 있는지를 발견하는 과정이에요. 주의할 것은 너무 많은 어려움을 찾기보다는 3가지 이내에서 멈추어야 해요. 그 이상이 되면 넋두리처럼 소모적으로 바뀌게 됩니다.

나쌤   3가지 이내로 찾는 것이 포인트네요.

윤코치 제대로 인지하셨네요. 핵심포인트를 잘 정리해 두는 것도 좋은 습관입니다. 그 다음 단계인 Option(해결방법 찾기)은 첫 번째 코칭 목표(GOAL)에서 발견한 것을 구체화하는 과정입니다. 이 단계에서는 가능한 많은 해결방법을 찾아보는 것이 중요해요. 현실적인 어려움을 극복하기 위한 방법으로 무의식과 의식을 연결하는 언어를 사용하는데 그 단어가 '그럼에도 불구하고'입니다. 이 단어를 사용하면 스스로 해결할 수 있는 자원을 찾을 수 있죠. 만약 내게 힘든 일이 생긴다면 '그럼에도 불구하고'를 3번 반복해 보세요.

나쌤 옵션에서 스스로 실행할 액션플랜을 만드는 것이군요. '그럼에도 불구하고' 멋진 말이네요. 앞으로 힘든 일이 생길 때마다 사용해야겠어요.

윤코치 마지막 단계 Will은 본래 '의지'를 뜻하나 코칭에서는 실행계획대로 실천할 수 있게 만드는 후원시스템의 의미로 사용됩니다. 후원시스템에는 '보상과 시스템'의 2가지 개념을 적용해요. 보상은 자신이 정한 실행계획을 잘 지켰을 경우, 스스로에게 상을 주는 것을 말합니다. 시스템은 실행계획을 못 지켰을 경우, 코칭 그라

G Goal 코칭 주제결정, 목표 찾기

질문: 최우선으로 해결하고 싶은 목표 하나는?

R Reality 현실 경청, 제한사항 확인(3가지 이내)

질문: 목표 달성에 힘든 현실은?

O Option 목표해결 방법, 시도할 수 있는 것(최대한 많이)

질문: 그럼에도 불구하고, 시도해 볼 수 있는 3가지는?

W Will 보상과 시스템 활용, 상호 지지체계 확인

질문: 언제 어떻게 실행할 수 있나요?
　　　실행한 것을 어떻게 알 수 있을까요?
　　　목표를 달성한 자신에게 어떤 선물을 줄까요?

● GROW 모델 예시 ●

운드 룰을 더 잘 지킬 수 있게 하는 것입니다. 후원시스템은 코칭을 통해서 자신의 성장을 코치에게 알릴 수 있다는 것, 언제나 코치와 함께하고 있다는 것을 매 순간 느낄 수 있다는 장점이 있어요.

나쌤   와~누군가 나의 성장과 내가 원하는 삶을 위해 함께 하고 있다는 것만으로 든든하고 힘이 되네요.

윤코치   전략설정하는 방법을 알려드릴게요. 대인관계와 성과달성에 매우 유용한 코칭 방법이에요. 전략설정방법은 시나리오 전략을 사용하면 되는데 시나리오는 앞으로 벌어질 상황에 대해서 5가지 상황별 준비를 하는 것을 말합니다.

나쌤   시나리오 전략이라 어려운 내용이 아닌가요?

윤코치   시나리오 전략은 5가지 상황(매우 만족, 만족, 보통, 불만족, 매우 불만족)에 맞는 목표와 전략을 미리 수립하는 방법입니다. '원하는 것을 미리 상상하고 에너지를 집중하면 목표를 달성한다'는 무의식의 원리를 활용해서 긍정의 힘을 신뢰하며, 어려움이 올 때를 대비한 대안 마련으로 목표달성에 대한 불안감을 제거할 수 있죠. 이 방법은 미리 내가 원하는 삶의 시나리오를 정하고 그 삶의 목표를 이룬 것처럼 시뮬레이션하는 것입니다. '이미 이룬 것처럼 살아라'를 실천해보세요.
상황별 시나리오를 5가지 기준에 맞춰 적용하면 되는데 1) 매우 만족(최고의 예상그림), 2) 만족(목표를 이룰 수 있는 정도), 3) 보통(무난한 상태), 4) 불만족(대안을 준비해야 하는 단계), 5) 매우 불만족(전략적 선택을 해야 하는 단계)의 단계별 시나리오를 시뮬레이션하게 되면 위기상황에서 방향을 제시해 줄 수 있어요.

나쌤   5가지 개념은 쉽게 알 수 있겠어요. 실제로 어떻게 적용할 수 있을까요?

윤코치   대인관계에서의 갈등상황을 예로 든다면,
1) 매우 만족(최고의 내 편이 되어준다.)
2) 만족(함께 조력해주며 의견을 주고받는다.)
3) 보통(더 이상 갈등은 존재하지 않는다.)
4) 불만족(갈등이 심해져 관계를 종료해야 될지도 모른다. 이럴 경우 팀 시스템과

조력자를 찾아서 갈등을 중재할 수 있게 한다.)

5) 매우 불만족(바라보는 것만 해도 화가 난다. – 갈등을 유발할 수 있는 환경을 제거하는 전략적 선택을 한다.)

이렇게 정리해 두고 일어날 수 있는 상황에 대해서 긍정적 자원으로 리프레이밍해줍니다. 불만족과 매우 불만족 상황에 대한 준비를 더 많이 해두면 대인관계의 갈등을 해결하는 데 도움이 되죠. 그 과정에서 내려놓음과 유연성을 발휘하는 것이 필요해요. 또한 갈등상황을 코치나 멘토 등 나를 지지하는 사람들과 나누는 것도 해결자원을 찾는 데 도움이 됩니다.

이번엔 성과 달성을 위해 실제 적용했던 시나리오를 보여드릴게요.

<프로 골프선수 적용사례>

1) 매우 만족(최고의 샷으로 기대 이상의 성적을 남긴다.)

2) 만족(자신이 목표한 결과를 받는다.)

3) 보통(평균타수를 기록한다.)

4) 불만족(컨디션 난조로 샷 플레이가 맘에 들지 않는다. – 이럴 때는 마음의 중심 잡기(센터링)와 자유감정기법(EFT)을 활용해서 원래대로 돌아오기를 실행한다.)

5) 매우 불만족(내가 원하는 플레이가 내 맘대로 되는 게 하나도 없다. – 샤우팅 코칭 사용하기, 멘탈코칭 노트를 살펴본다. 내 안에서 하는 말을 경기 후 기록해둔다. 다음을 위한 좋은 기회로 삼는다.)

위의 사례처럼 사전에 불만족과 매우 불만족에 대한 전략을 수립하고 기록하면서 대비를 하죠. 이렇게 하면 안정감을 가질 수 있어요. 또한 사후 코칭과정을 통해서 같은 상황 발생 시 새로운 대안을 수립할 수 있게 해줍니다.

시나리오 전략은 내가 예상한 대로 진행될 수 있도록 잠재의식의 원리를 활용하는 코칭기술이에요. 긍정의 힘을 신뢰하는 것, 원하는 목표를 향해 전진하면서 어려움이 올 때 그에 대한 대안과 준비를 하는 것으로 잠재의식은 평정심으로 바뀌게 될 거에요. 미리 내가 원하는 삶의 시나리오를 정하고 그 삶을 시뮬레이션하는 습관을 갖는 것을 권해요.

나쌤　미리 내가 원하는 삶의 시나리오를 정하고 그 삶을 시뮬레이션 하라. 이 구절이 오늘은 제 가슴에 깊이 남네요. 시간 날 때마다 제가 원하는 삶의 시나리오를 써보고 더 구체화해서 시뮬레이션해 볼게요.

윤코치　좋아요. 시나리오 전략 매트릭스를 활용해서 작성해 보시기 바랍니다.

시나리오 전략 매트릭스

<대인관계의 작성 예>

시나리오 전략 매트릭스 - 대인관계				
구분	매우 만족	만족	보통	불만족	매우 불만족
상태	최고의 내 편이다	함께 조력한다	갈등은 없다	갈등이 심화된다	보기만 해도 화가 난다
목표/ 대안	-가까울수록 더 존중하기 -기념일 챙기기 -감사와 사랑 표현 자주하기 -5명 이상 만들기	팀워크 발휘	안정과 평화	-갈등의 원인을 제거 -긍정 리프레이밍 -조력자를 찾음	-갈등유발 환경제거 -센터링, EFT 실행
원칙과 기준 (구체화)	-가까운 곳에서 찾기 -무조건적인 사랑과 지원하기	-팀중심으로 사고하기 -상대방 의견 존중하기	-경청하기 -수평적 관계	-이성적 대처 -그럼에도 불구하고 3번 -긍정 패러다임 적용	-사실과 판단 구분하기 -긍정에너지 장소로 이동하기 -만남 최소화

함께해보기

시나리오 전략 매트릭스 작성하기

※ 여러분도 작성해보세요.

시나리오 전략 매트릭스					
구분	매우 만족	만족	보통	불만족	매우 불만족
상태					
목표/ 대안					
원칙과 기준 (구체화)					

01 라이프 밸런스 휠(Life Balance Wheel)이란?

PART 02

내 상태
꺼내 보기

- 내 삶을 객관화하기! -

라이프 밸런스 휠(Life Balance Wheel)이란?

자기 객관화는 탄탄한 자존감의 출발이자,
잃어버린 자신을 찾아가는 필수과정이다

평소 존경하는 나의 롤모델, 나긍정 팀장님께 오랜만에 안부 연락을 드렸다.

"팀장님~ 그동안 어찌 지내셨어요?, 재미있는 일 좀 있으신가요?"

그저 인사치례로 던진 질문에 "사는 게 다 재밌지!"라는 대답이 돌아왔다. 나를 포함하여 대다수의 사람들은 그럭저럭 살고 있다는 싱거운 대답만 들려주는 것이 일상다반사인데, 팀장님의 반전대답이 신선했다. '역시 나긍정 팀장님은 달라~!'라는 생각과 함께 지난주 코칭 시간에 나누었던 대화가 떠올랐다. 인간의 잠재의식은 긍정적인 단어를 매우 좋아한다는 그 말. 그 때문인지 삶이 즐겁다는 나긍정 팀장님의 긍정 메시지는 내 마음까지도 살랑살랑 설레게 만들었다.

오늘은 두 번째 코칭이 있는 날이다. 희망을 안고 발걸음을 떼어 보긴 하지만 한편으론 아직도 불안감이 느껴진다. 과연, 코칭을 받는다고 내 삶이 달라질 수 있을까. 반면, 근사하게 달라질 내 모습에 대한 기대감도 섞여있는 복잡한 마음을 안고 윤코치와의 만남장소에 도착했다.

나쌤   코치님, 분명 쉬지 않고 달려왔는데 제가 잘 살고 있는 건지 확신이 안 서요. 그냥 하루하루 살아가느라 바쁘기만 한 것 같아요. 그리고 제가 진정 원하는 것을 찾고 싶은데 그게 뭔지도 잘 모르겠어요. 제가 과거에 어떤 꿈을 꿨는지... 과연 뭘 이루고 싶어 했는지... 이제는 기억조차 나지 않아요. 이런 것도 코칭을 통해서 알 수 있을까요?

윤코치　그럼요. 코칭을 하면 좋은 점 중 하나가 자신을 명확하게 알게 된다는 거예요. 내가 어떤 사람이고 무엇을 잘하는 지 나의 현재상태를 있는 그대로 바라보는 것에서부터 코칭은 시작됩니다.

나쌤　네. 제게 그런 시간이 필요해요. 제가 어떤 사람인지, 무엇을 원하는지 알고 싶어요.

윤코치　네, 그래서 오늘은 내 삶을 돌아보고 자기 자신을 객관화하는 시간을 가져 볼 거예요. 이것은 성장을 위한 기초 작업이기 때문에 매우 의미 있는 시간이 될 겁니다. 특히, 삶의 경험이 많아질수록 우리는 스스로 객관화하려는 노력이 필요해요. 주변에서 종종 자기 자신에 대한 객관성을 상실하는 경우를 본 적이 있지요?

나쌤　제 주변을 보아도 그런 경우가 더러 있어요. 특히, 위로 올라갈수록 주변에서 하나같이 비행기 태우는 좋은 이야기들만 들려주잖아요. 누구나 따끔한 조언을 해주지 않는 환경에 익숙해지니까 스스로 객관화하는 것이 점점 더 어려워지는 것 같아요.

윤코치　그런 경우가 생각보다 많이 있어요. 그래서 스스로 내 삶을 꺼내어 객관화 시켜보는 시간을 갖는 것이 꼭 필요한데 그 방법을 몰라서 못하는 경우들도 많아요.

나쌤　그렇죠. 저부터도 잘하고 싶은 마음은 있지만 어떻게 해야 할지 모르는걸요.

윤코치　그래서 제가 있는 겁니다. 하하하

나쌤　네, 오늘도 잘 부탁드립니다.

윤코치　오늘은 내 삶의 현재수준과 기대수준을 파악하고 간극을 극복할 수 있는 방법들을 찾아볼 거예요. 그 과정에서 평소 자신이 느끼지 못했던 사실들을 발견할 수 있을 겁니다. 지금부터 진짜 자기가 원하는 꿈, 자기가 원하는 삶이나 미래를 볼 수 있게 하는 도구인 라이프 밸런스 휠(Life Balance Wheel)을 알려드릴게요.

나쌤　라이프 밸런스 휠이요? 흠... 처음 들어봐요.

윤코치　네. 코칭에서 주로 쓰이는 도구라 잘 모를 수 있어요. 라이프 밸런스 휠은 라이프 코칭의 창시자이자 자기개발 분야에서 뛰어난 업적을 갖고 있는 폴과 제인 메이어가 개발한 내용에서 조금 더 보완된 강력한 코칭 도구에요. 이 도구의 가장 큰 장점은 현재 내 삶의 상태를 한걸음 물러서서 전체적으로 다양하게 살펴 볼 수 있다는 것입니다. 삶의 불균형 영역을 빠르게 찾아내고, 목표를 설정할 수 있도록 도와주죠.

나쌤　오~ 빨리 해보고 싶어요! 뭔가 생각만 가득했던 제 삶을 정리해보는 데 도움이 될 것 같아요.

윤코치　아, 잠깐만요. 모든 것은 순서가 있으니 그것부터 먼저 설명을 드릴게요. 차근차근 따라오시면 잘 배울 수 있을 거예요.

머릿속에 가득했던 생각들도 실제로 이미지화하고 메모하는 순간, 더욱 실현가능한 꿈에 가까워집니다. 이 사실은 많은 연구에서도 밝혀진 바가 있죠. 하버드 대학에서 실시한 꿈과 목표관련 연구(1979)에서도, 연구 참여자들 중에서 명확하고 구체적인 내용을 기록해두었던 3%의 사람들이 나머지 97%가 벌어들이는

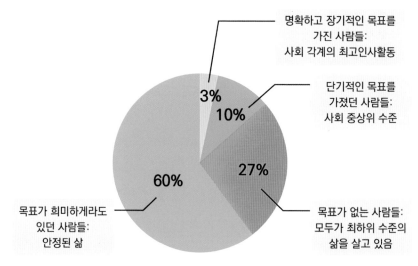

• 조사기관: 하버드대학(1975)/거의 동등한 조건의 실험군대상(IQ, 학력)/25년간 연구 •

수입보다 10배가 넘는 부를 이루고 사회지도층에서 활동하고 있었다 해요. 목표를 명확하게 기록하는 것은 이렇게나 큰 힘을 지닙니다.

나쌤   저도 비슷한 경험을 해본 적 있어요. 예전에 쓰던 다이어리에 무심코 적어 두었던 버킷리스트가 있는데요, 시간이 지나면서 그 소망들이 하나 둘 씩 이뤄질 때 정말 신기했어요. 그냥 생각만 하는 것보다 말이나 글로 써놓은 것들은 더 강력한 힘을 갖고 있다고 저는 믿어요.

윤코치   우와! 코칭을 모르는 상태에서도 평소에 그렇게 하셨다는 건 정말 잘하신 거예요. 스스로 실천하고 계셨다니 놀랍네요. 실현될 수 있는 꿈은 기록하는 것에서부터 시작하거든요.

나쌤   후후. 부끄럽습니다. 칭찬해주셔서 감사드려요. 제가 열심히 살려고 좀 노력했습니다.

윤코치   하하하 네, 그런 것 같군요. 우선 라이프 밸런스 휠을 작성하는 이유와 중요성에 대해 간략하게 알려드릴게요. 우리는 수많은 경험을 통해 주변 환경 중 어느 것 하나가 말썽을 일으키게 되면 도미노처럼 다른 것에도 부정적인 영향을 미치게 된다는 것을 이미 알고 있어요.

나쌤   코치님 말씀을 들으니 미니멈의 법칙(law of the minimum)이 떠올라요. 쇠사슬을 당길 때 가장 약한 고리가 전체 강도를 결정한다는 이론이요.

윤코치   그렇죠. 우리의 삶도 마찬가지입니다. 인생에서 어느 부분 하나라도 부족하면 다른 요인들이 아무리 충족되더라도 결코 행복할 수가 없어요. 그래서 골고루 균형 있는 삶의 발전이 필요하지요. 라이프 밸런스 휠에서는 삶의 대표적인 영역으로 여덟 가지를 제시하고 있어요.

건강, 자기 개발(개인적, 정신적), 경력과 직장, 가족과 친구, 사회활동 및 여가, 재정 상태, 애정과 로맨스, 물리적 환경

작성하실 때에는 위의 항목을 기본으로 하되, 개인에 따라 중요하게 생각하는 다른 것으로 대체할 수 있어요. 예를 들어 애정과 로맨스의 경우엔 '자기사랑'으

로, 경력과 직장의 경우엔 '학교생활'로 바꾸는 것도 가능합니다.

나쌤 그렇군요, 저는 있는 그대로 한번 해볼게요. 작성이 좀 어려운가요?

윤코치 작성방법은 매우 간단하지만, 실질적인 효과를 내려면 자신과 정직하게 대화하며 생각할 시간을 갖는 것이 필요해요. 여유시간을 갖고 시작하면 좋아요. 지금부터 우리 인생의 주요 요소들이 얼마나 잘 작동되고 있는지 삶의 탐험을 시작해볼까요?

나쌤 네!

윤코치 우선 라이프 밸런스 휠의 양식에 현재의 본인 상태를 붉은색 펜으로 작성해보세요. 그 다음 초록색 펜으로 되고 싶은 미래의 모습에 대한 점수를 점으로 찍어서 연결해보세요. 여덟 개의 영역을 모두 평가한 후 그린 점을 연결하면, 내 삶의 바퀴모양이 나오지요.

<나쌤의 라이프 밸런스 휠>

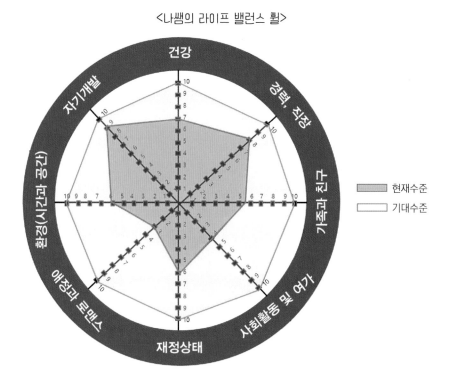

나쌤　　 네. 현재 상태의 모양이 엉망이네요.

윤코치　 현저하게 움푹 패인 항목이 있다면 이는 주의가 필요한 특정 영역이 있음을 의미합니다. 그것은 나 자신을 가장 괴롭히는 영역이기도 하고, 앞으로 나아가지 못하게 하는 장애가 될 수 있기 때문이에요.

그러나, 바퀴 모양의 결과가 어떠하든, 중요한 사실은 이로써 나쌤이 성장할 수 있는 기초단서이자, 객관적인 데이터로서의 가치를 발견하였다는 것입니다. 나쌤은 지금 스스로 개선하려고 노력해야 할 부분을 찾아냈고, 목표설정을 위한 훌륭한 출발점 앞에 서 있습니다. 우리는 이미 인생에서 필요한 모든 자원을 갖고 있어요. 그것을 찾아내야 합니다.

나쌤　　 이제부터는 제가 뭘 하면 될까요?

윤코치　 우리의 다음 순서는 어떻게 하면 바퀴 모양을 보다 균일하게 바깥으로 퍼지는 모양으로 만들 것인가를 상상하고 현실로 만들어가야 하는 것입니다.

스스로해보기

나의 라이프 밸런스 휠 만들기

※ 여러분도 작성해보세요.

* 준비물: 각각 색이 다른 컬러 볼펜 두 자루

1. 다음 장의 그림(라이프 밸런스 휠)에서 여덟 가지 핵심 영역별로 현재의 만족도를 점으로 표기합니다.

   – 순서는 원하는 것부터 선택하여 자유롭게 작성합니다.
   – 옳고 그름에 대한 기준은 없으며 다른 항목으로 대체하여 조정하는 것도 가능합니다.
   〈예) 물리적 환경 → 재미있는 활동〉
   – 10 척도를 사용하여 각 항목별로 매우 만족스럽지 않은 상태가 1점(원의 중심)에서 매우 만족하는 상태가 10점(원의 바깥쪽 가장자리)으로 표기합니다.

2. 이번에는 다른 컬러의 펜으로 여덟 가지 핵심 영역별로 기대하는 미래수준의 정도를 점으로 표기합니다.

윤코치	지금부터는 라이프 밸런스 휠을 통해 나온 자료를 토대로 원하는 것들을 찾아 이미지화해야 해요.
나쌤	앗! 아직 할 것이 남았나요? 끝날 때까지 끝난 게 아니군요.
윤코치	네. 이 단계는 매우 중요합니다. 시간을 갖고 여유 있게 하시면 돼요. 그 전에 하셔야 할 게 있어요. 각 영역별로 잠재의식을 탐험해 보기 위해서 눈을 감고 상상하면서 입체화 작업을 할 겁니다.
나쌤	입체화 작업이요?
윤코치	네, 입체화는 NLP(Neuro-Linguistic Programming; 신경언어학 프로그래밍)의 선호표상체계를 활용해서 더 생생하게 미래를 그리는 기법이에요. 그렇게 만들어진 미래의 모습은 우리의 잠재의식에 더 깊고 선명하게 남게 되죠. 실제로 해보시면 더 이해가 잘 될 거예요. 시작해 볼까요?
나쌤	네!
윤코치	여덟 개의 영역을 한가지씩 살펴보도록 할게요. 여덟 개 분야 중에서 가장 좋아하고 해보고 싶은 걸 먼저 시작해요. 가장 먼저 해보고 싶은 영역이 있나요?
나쌤	가족과 친구요. 저를 사랑해주는 가족들과 친구들 생각을 하면 마음이 편해지는 것 같아서요.
윤코치	네, 좋아요. 나쌤의 요구대로 라이프 밸런스 휠의 여덟 가지 영역 중에서 '친구와 가족'을 먼저 해볼게요. 다음의 질문에 대해서 가장 낮은 점수가 0점에서 10점이 만점이라고 했을 때 현재의 점수를 몇 점 정도 줄 수 있는지 체크해보시겠어요? ① 사랑하는 사람들과 자주 좋은 시간을 보내고 있나요? .... (5점) ② 개인적인 이슈를 서로 나누고 의지할 수 있는 가족이 있나요? .... (7점) ③ 사람들과의 관계에 대해 만족하나요? .... (7점) ④ 가족이나 친구들과 정기적으로 소통하고 있나요? .... (3점) ⑤ 가족과 친구에게서 얻는 만족감은 어느 정도인가요? .... (7점) * 해당되는 것만 체크해서 평균점수를 계산하면 됩니다.

나쌤 흠... 평균점수가 5.8점 나왔어요. 생각보다 점수가 낮네요. 사랑하고 아끼지만 바쁘다는 핑계로 그만큼 표현하는 시간은 매우 부족했던 것 같아요. 반성하게 됩니다.

윤코치 현재의 평균점수보다 앞으로 어떻게 할 것인지가 더 중요해요. 진단을 통해서 나의 현재 상태를 객관적으로 보았다는 것에 의미가 있습니다. 그리고 앞으로 10점의 상태로 성장할 수 있다는 가능성을 보셨으면 좋겠어요. 부족하다 여겨지는 부분은 지금부터 채워나가면 되거든요.

나쌤 맞아요. 가족과 친구 관계가 10점의 상태로 가는 방법을 고민해 보는 게 훨씬 더 생산적이겠어요.

윤코치 그렇죠. 행복한 삶을 위해서는 가족과 친구, 그리고 지인들과의 관계를 위한 시간을 따로 확보해야 해요. 그리고, 다양한 영역에 있는 사람들을 자주 만나야 생각의 폭이 넓어지기도 하고요. 현대는 전혀 낯선 것들이 조합하여 새로운 것을 창조하는 융합의 시대잖아요. 한참을 고민하던 문제들도 새로운 사람을 만나 해결되는 일이 종종 생기는 이유도 이 때문이기도 하죠. 그래서 가급적 만나는 모든 사람들과 잘 지내도록 노력하는 것도 필요해요.

나쌤 저의 경우도 그랬어요. 다양한 사람들을 만나서 기운도 받고, 아이디어도 얻을 수 있었거든요. 지금까지 만나온 분들 중에는 제게 좋은 영감을 주는 멘토도 계시고요.

윤코치 그랬군요. 매우 좋은 겁니다. 성공한 사람들을 대상으로 한 연구를 보면 한결같은 공통점이 인생의 멘토가 존재했다는 사실이에요. 인생의 멘토는 꼭 훌륭하거나 유명한 사람만 되는 것이 아니라, 만나서 이야기를 나누었을 때 내게 에너지를 주는 사람이 있다면 그가 바로 내 인생의 멘토에요. 내 주변에서 자리를 지키며 때로는 따끔한 조언을 건네는 친구나 직장동료도 인생멘토가 되어 줄 수 있어요. 심지어 힘들고 지칠 때 위로와 격려를 보내주는 가족들도 마찬가지고요.

나쌤 흠... 생각해보면 가족이나 친구들로부터 위로와 격려받을 때 신이 나는데 그런 시간을 많이 못 가졌던 것 같아요. 앞만 보고 달리느라 현재에 집중하지 못해왔네요. 다양한 사람들을 만나보라 하셨지만... 기운을 빼앗아가는 사람들은 안 만나는 것이 좋지 않을까요? 피하고 싶은 사람들이 있어서요.

윤코치   물론, 여러 사람들을 만나다 보면 유난히 내게 기운을 주는 사람이 있기도 하고, 그 반대인 경우도 있죠. 두 번째에 해당하는 사람들을 에너지 뱀파이어라고 이야기하는데요. 만나서 이야기할수록 에너지를 다운시키는 사람을 일컫는 말이에요. 물론 피할 수 있다면 좋겠지만 살다 보면 어쩔 수 없는 상황이라는 게 있잖아요. 비록, 그렇다 할지라도 내가 마음먹기에 따라 큰 가르침을 주는 스승이 될 수도 있고요.

나쌤   그들이 스승이 될 수 있다고요?

윤코치   네. 첫 시간에 우리가 나눴던 대화를 떠올려 보세요. 코칭은 모든 것을 긍정적으로 리프레이밍한다고 얘기했었지요. 나를 힘들게 하는 존재를 피할 수 없다면 배울 점을 찾아보면 돼요. '저렇게 하면 안 되는구나', '이런 말이나 행동을 하면 상대가 이런 감정을 느낄 수도 있구나' 등의 배울 점이 분명히 있어요. 내가 배우고 성장할 수 있다면 상대는 바로 스승이 되는 것이죠. 상대를 진상으로 규정짓고 괴로워만 할 것인지, 스승으로 섬기면서 성장할 것인지의 선택에 따라 글자와 어감 차이뿐만 아니라 우리의 정신세계에 미치는 영향도 큰 차이가 있습니다.

나쌤   하하하. 재미있는 발상의 전환이네요. 코치님 말씀을 듣고 과거를 돌이켜보니 안 좋은 사건들과 사람들에게서도 많은 것을 배울 수 있었어요. 앞으로는 스트레스 덜 받고 두루 잘 지낼 수 있도록 노력해볼게요.

윤코치   적극적인 태도 좋아요. 그러면 이제부터 구체적으로 들어가 볼게요.

나쌤   네네! 흥미롭네요!

윤코치   이제 심층적으로 잠재의식에 더 가까이 가보도록 하겠습니다. 지금부터 질문을 드릴 테니 눈을 감고 상상하면서 구체적으로 기록해보도록 할게요.

1. 현재 상태(다섯 가지 질문에 대한 답변)에 대한 평균 점수를 적어보세요. (5.8점)

2. 원하는 목표점수를 적어보세요. (10점)

3. 10점의 상황을 눈을 감고 상상해보겠어요? 그때의 모습을 한 문장으로 만든다면 뭐라고 정의할 수 있을까요? 구체적으로 상황을 표현해 보세요.

   (괌에서 가족들과 자유로운 휴가를 즐기는 나쌤)

4. 눈을 감고 그 순간의 모습을 상상해보겠습니다.

   (시각) 무엇이 보이는지 찬찬히 살펴봐 주세요.

      (예쁜 집과 나무, 코발트 블루 해안, 고운 모래)

   (청각) 어떤 소리가 들리는지 귀 기울여 보세요.

      (인도풍 음악, 파도소리, 멀리서 들려오는 사람들의 웃음소리)

   (촉각) 느낌은 어떤가요. 어떤 감정이 느껴지나요.

      (평안함, 기쁨, 행복함)

   (후각) 혹시 어떤 향기가 나는지 맡아보세요.

      (바다냄새, 톡 쏘는 레몬 탄산음료 향)

   (미각) 앞에 음식이 있다면 그것도 맛볼게요. 어떤 맛인가요.

      (부드럽고 달콤한 아이스크림 맛)

나쌤 여기에 적어보았어요. 낯설긴 하지만 상상하는 것만으로도 기분이 좋아지네요.

1 현재점수	2 목표점수	3 키워드	4 선호표상 체계별	
5.8 점	10점	괌에서 가족과 자유로운 휴가를 즐기는 나쌤	시각	예쁜 집과 나무, 코발트 블루 해안, 고운 모래
			청각	인도풍 음악, 파도소리, 멀리서 들려오는 사람들 웃음소리
			촉각	평안함, 기쁨, 행복함
			후각	바다냄새, 톡쏘는 레몬 탄산음료 향
			미각	부드럽고 달콤한 아이스크림 맛

윤코치 정말 잘하셨어요! 상상만으로도 기분이 좋아지는 이유는 잠재의식이 원하는 것을 건드려줘서 그래요.

스스로해보기

가족과 친구

※ 여러분도 작성해보세요.

> 시카고 대학의 카시오프 교수팀은 오랜 연구결과, 현대인의 가장 총체적인 사망 요인은 암이나 사고가 아니라 외로움이라 밝혔습니다. 인간은 사회적 동물이기에 장기적인 소외감은 목숨을 위협하는 것만큼이나 외롭고 두려운 마음을 갖게 합니다. 반대로 다른 사람들과 우호적인 관계를 맺고 있을 때 편안한 마음을 갖게 되고, 행복감을 느끼게 됩니다. 지금 당장은 사람으로 인해 지쳐있다 하더라도 나를 지지해주는 가족이나 친구와의 끊임없는 교류는 매우 중요합니다. 사람과 사랑은 포기하지 마세요. 가능한 모든 사람들과 잘 지내기 위해서는 나의 노력과 의지가 필요합니다.

1. 나의 현재 상태의 평균점수는 몇 점인가요? (아래 질문의 답의 평균값입니다)

   ① 사랑하는 사람들과 자주 좋은 시간을 보내고 있나요? | 1 | 2 | 3 | 4 | 5 | 6 | 7 | 8 | 9 | 10 |

   ② 개인적인 이슈를 서로 나누고 의지할 수 있는 가족이 있나요? | 1 | 2 | 3 | 4 | 5 | 6 | 7 | 8 | 9 | 10 |

   ③ 사람들과의 관계에 대해 만족하나요? | 1 | 2 | 3 | 4 | 5 | 6 | 7 | 8 | 9 | 10 |

   ④ 가족이나 친구들과 정기적으로 소통하고 있나요? | 1 | 2 | 3 | 4 | 5 | 6 | 7 | 8 | 9 | 10 |

   ⑤ 가족과 친구에게서 얻는 만족감은 어느 정도인가요? | 1 | 2 | 3 | 4 | 5 | 6 | 7 | 8 | 9 | 10 |

   * 해당되는 것만 체크해서 평균점수를 계산하면 됩니다.

2. 10점 만점의 상태는 어떤 모습인가요? 그 상황을 한 문장으로 표현해보세요.

---

3. 눈을 감고 그 순간의 모습을 상상해보세요.

(시각) 무엇이 보이는지 찬찬히 살펴봐 주세요.

(청각) 어떤 소리가 들리는지 귀 기울여 보세요.

(촉각) 느낌은 어떤가요. 어떤 감정이 느껴지나요?

(후각) 어떤 향기가 나는지 맡아보세요.

(미각) 앞에 음식이 있다면 그것도 맛볼게요. 어떤 맛인가요?

1 현재점수는?	2 10점의 상태를 한 문장으로 표현해주세요.	3 선호표상 체계별로 구체적으로 기재해주세요.	
		시각	
		청각	
		촉각	
		후각	
		미각	

스스로해보기

자기개발(개인적, 정신적)

※ 여러분노 작성해보세요.

> 만물유전(萬物流轉). 세계는 끊임없이 진화해 나아가며, 앎이란 인간의 경험 속에서 지속적으로 변화하고 수정되고 있습니다. 급진적인 기술 발달로 학교에서 배운 지식의 유효기간도 점차 짧아지면서 바야흐로, 평생교육의 시대에 도래한 지 이미 오래입니다. 인간은 능동적이며 발전적인 존재입니다. 낯선 것들에 끊임없이 도전함으로써 개인적, 정신적으로 익숙한 영역을 확장해 나아가는 지혜와 용기가 필요합니다.

1. 나의 현재 상태의 평균점수는 몇 점인가요? (아래 질문의 답의 평균값입니다)

① 평소 자기 개발에 적극적으로 참여하고 있나요?

1	2	3	4	5	6	7	8	9	10

② 현재 자신의 수준을 객관적으로 파악하고 있나요?

1	2	3	4	5	6	7	8	9	10

③ 목표달성에 대한 실행의지는 어느 정도인가요?

1	2	3	4	5	6	7	8	9	10

④ 삶의 문제를 해결할 수 있는 방법을 갖추고 있나요?

1	2	3	4	5	6	7	8	9	10

⑤ 자기 개발에서 얻는 만족감은 어느 정도인가요?

1	2	3	4	5	6	7	8	9	10

* 해당되는 것만 체크해서 평균점수를 계산하면 됩니다.

2. 10점 만점의 상태는 어떤 모습인가요? 그 상황을 한 문장으로 표현해보세요.

3. 눈을 감고 그 순간의 모습을 상상해보세요.

(시각) 무엇이 보이는지 찬찬히 살펴봐 주세요.

(청각) 어떤 소리가 들리는지 귀 기울여 보세요.

(촉각) 느낌은 어떤가요. 어떤 감정이 느껴지나요?

(후각) 어떤 향기가 나는지 맡아보세요.

(미각) 앞에 음식이 있다면 그것도 맛볼게요. 어떤 맛인가요?

1 현재점수는?	2 10점의 상태를 한 문장으로 표현해주세요.	3 선호표상 체계별로 구체적으로 기재해주세요.	
		시각	
		청각	
		촉각	
		후각	
		미각	

스스로해보기

재정 상태

※ 여러분도 작성해보세요.

> 돈이 행복을 결정짓는 절대적인 요소는 아니지만, 어느 정도 보장된 소득과 재정적인 안정은 필수적입니다. 많은 부를 가진 것보다 더 중요한 것은 잘 관리하는 것입니다. 재정관리의 첫 단계는 자신이 원하는 인생을 꾸리는 데 필요한 목표자금을 설정합니다. 두 번째, 그 자금을 마련하는 방법을 체계적으로 설계합니다. 세 번째, 효율적인 소비를 위한 선택과 집중이 필요합니다. 전문가의 도움을 받거나 스스로 재정 상태를 주기적으로 점검하고 반성하는 습관을 키워야 합니다.

1. 나의 현재 상태의 평균점수는 몇 점인가요? (아래 질문의 답의 평균값입니다)

① 미래를 위한 준비를 하고 있나요?

1	2	3	4	5	6	7	8	9	10

② 스스로가 상상하는 노후모습의 만족도는 어느 정도인가요?

1	2	3	4	5	6	7	8	9	10

③ 당신의 총자산과 미래 필요 금액이 얼마인지 파악하고 있나요?

1	2	3	4	5	6	7	8	9	10

④ 일상생활의 리스크를 해결할 수 있는 장치가 마련되어 있나요?

1	2	3	4	5	6	7	8	9	10

⑤ 재정 상태에서 얻는 만족감은 어느 정도인가요?

1	2	3	4	5	6	7	8	9	10

* 해당되는 것만 체크해서 평균점수를 계산하면 됩니다.

2. 10점 만점의 상태는 어떤 모습인가요? 그 상황을 한 문장으로 표현해보세요.

_____

3. 눈을 감고 그 순간의 모습을 상상해보세요.

(시각) 무엇이 보이는지 찬찬히 살펴봐 주세요.

(청각) 어떤 소리가 들리는지 귀 기울여 보세요.

(촉각) 느낌은 어떤가요. 어떤 감정이 느껴지나요?

(후각) 어떤 향기가 나는지 맡아보세요.

(미각) 앞에 음식이 있다면 그것도 맛볼게요. 어떤 맛인가요?

1 현재점수는?	2 10점의 상태를 한 문장으로 표현해주세요.	3 선호표상 체계별로 구체적으로 기재해주세요.	
		시각	
		청각	
		촉각	
		후각	
		미각	

스스로해보기

애정과 로맨스

※ 여러분도 작성해보세요.

> 인간이 움직이는 원동력의 가장 밑바탕에는 늘 '사랑'이라는 것이 전제되어 있습니다. 나 자신에 대한 사랑, 가족과 연인, 이웃에 대한 사랑은 인간의 본성이자 행복의 필수 요소입니다. 우리 주변을 돌아보아도 사랑을 많이 느끼고, 자주 표현하는 사람들이 훨씬 더 건강하고 행복한 삶을 살아갑니다. 그들의 공통적인 특징은 자신과 타인을 사랑하는 원리를 알고 꾸준히 실천한다는 것입니다. 그들은 매사 따뜻한 눈빛으로 애정 어린 말을 하고, 사랑과 존경, 감사의 마음을 충분히 표현하면서 살아갑니다. 우선적으로 자신의 마음속 사랑의 그릇이 채워지고 넘쳐야 자연스럽게 타인에게도 전해집니다. 가장 먼저 스스로를 사랑하세요.

1. 나의 현재 상태의 평균점수는 몇 점인가요? (아래 질문의 답의 평균값입니다)

① 소중한 사람들로부터 사랑받고 있다고 생각하나요?

1	2	3	4	5	6	7	8	9	10

② 다른 사람들에게 사랑과 관심을 표현하고 있나요?

1	2	3	4	5	6	7	8	9	10

③ 사랑하는 사람과 서로 아껴주고 존중하고 있나요?

1	2	3	4	5	6	7	8	9	10

④ 좋아하는 사람들과의 대화에서 얻는 만족도는 어떠한가요?

1	2	3	4	5	6	7	8	9	10

⑤ 애정과 로맨스에서 얻는 만족감은 어느 정도인가요?

1	2	3	4	5	6	7	8	9	10

* 해당되는 것만 체크해서 평균점수를 계산하면 됩니다.

2. 10점 만점의 상태는 어떤 모습인가요? 그 상황을 한 문장으로 표현해보세요.

3. 눈을 감고 그 순간의 모습을 상상해보세요.

(시각) 무엇이 보이는지 찬찬히 살펴봐 주세요.

(청각) 어떤 소리가 들리는지 귀 기울여 보세요.

(촉각) 느낌은 어떤가요. 어떤 감정이 느껴지나요?

(후각) 어떤 향기가 나는지 맡아보세요.

(미각) 앞에 음식이 있다면 그것도 맛볼게요. 어떤 맛인가요?

1 현재점수는?	2 10점의 상태를 한 문장으로 표현해주세요.	3 선호표상 체계별로 구체적으로 기재해주세요.	
		시각	
		청각	
		촉각	
		후각	
		미각	

스스로해보기

사회활동 및 여가

※ 여러분도 작성해보세요.

> 사회활동 및 여가활동은 여행, 봉사활동, 취미, 사회참여 활동 등 자신이 즐거움을 얻기 위해 선택하는 자유로운 활동을 의미합니다. 다양한 여가 활동은 활력 있는 몸과 정신을 유지하고, 폭넓은 사회적 네트워크를 형성하는 데 긍정적인 영향을 미칩니다. 꾸준한 실천을 위해 자신에게 주어진 여러 상황(신체적, 환경적 등)을 고려하여 가장 적합한 여가활동을 선택해야 합니다. 건강한 사회활동 및 여가의 참여는 결국 자신의 역량을 개발하게 하고, 스트레스를 해소하여 더 즐거운 삶을 살아가는 데 도움이 됩니다.

1. 나의 현재 상태의 평균점수는 몇 점인가요? (아래 질문의 답의 평균값입니다)

① 당신에게 주어진 자유 시간을 얼마나 즐기고 있나요? | 1 | 2 | 3 | 4 | 5 | 6 | 7 | 8 | 9 | 10 |

② 내가 정말 좋아하는 취미가 무엇인지 잘 알고 있나요? | 1 | 2 | 3 | 4 | 5 | 6 | 7 | 8 | 9 | 10 |

③ 좋아하는 일을 얼마나 자주 하나요? | 1 | 2 | 3 | 4 | 5 | 6 | 7 | 8 | 9 | 10 |

④ 다양한 사회활동(동호회, 단체활동 등)을 참여하고 있나요? | 1 | 2 | 3 | 4 | 5 | 6 | 7 | 8 | 9 | 10 |

⑤ 사회활동과 여가에서 얻는 만족감은 어느 정도인가요? | 1 | 2 | 3 | 4 | 5 | 6 | 7 | 8 | 9 | 10 |

* 해당되는 것만 체크해서 평균점수를 계산하면 됩니다.

2. 10점 만점의 상태는 어떤 모습인가요? 그 상황을 한 문장으로 표현해보세요.

---

3. 눈을 감고 그 순간의 모습을 상상해보세요.

(시각) 무엇이 보이는지 찬찬히 살펴봐 주세요.

(청각) 어떤 소리가 들리는지 귀 기울여 보세요.

(촉각) 느낌은 어떤가요. 어떤 감정이 느껴지나요?

(후각) 어떤 향기가 나는지 맡아보세요.

(미각) 앞에 음식이 있다면 그것도 맛볼게요. 어떤 맛인가요?

1 현재점수는?	2 10점의 상태를 한 문장으로 표현해주세요.	3 선호표상 체계별로 구체적으로 기재해주세요.	
		시각	
		청각	
		촉각	
		후각	
		미각	

스스로해보기

물리적 환경(시간과 공간)

※ 여러분노 삭성해보세요.

> 인간은 주변 환경으로부터 영향을 많이 받으며, 안정적인 물리적 환경은 건강한 심리상태를 유지하는 데 도움이 됩니다. 예를 들어 자신이 좋아하는 것으로 채워진 공간은 존재만으로도 큰 행복감을 선사합니다. 최적화된 환경은 주어진 여건에 따라 과제수행이나 힐링 등 목적에 따라 활용할 수 있는 공간과 시간을 미리 분리하고 설정해두는 것입니다. 또한, 기능과 이동성이 고려된 지리적 요건이나 수단, 생활공간도 중요한 역할을 합니다.

1. 나의 현재 상태의 평균점수는 몇 점인가요? (아래 질문의 답의 평균값입니다)

① 삶에서 재미를 위한 시간과 공간이 준비되어 있나요?

1	2	3	4	5	6	7	8	9	10

② 원하는 장소로 이동할 방법이 마련되어 있나요?

1	2	3	4	5	6	7	8	9	10

③ 심리적으로 편안해지는 장소가 있나요?

1	2	3	4	5	6	7	8	9	10

④ 일(과제)에 집중할 수 있는 환경적 조건을 파악하고 있나요?

1	2	3	4	5	6	7	8	9	10

⑤ 물리적 환경에서 얻는 만족감은 어느 정도인가요?

1	2	3	4	5	6	7	8	9	10

* 해당되는 것만 체크해서 평균점수를 계산하면 됩니다.

2. 10점 만점의 상태는 어떤 모습인가요? 그 상황을 한 문장으로 표현해보세요.

3. 눈을 감고 그 순간의 모습을 상상해보세요.

   (시각) 무엇이 보이는지 찬찬히 살펴봐 주세요.

   (청각) 어떤 소리가 들리는지 귀 기울여 보세요.

   (촉각) 느낌은 어떤가요. 어떤 감정이 느껴지나요?

   (후각) 어떤 향기가 나는지 맡아보세요.

   (미각) 앞에 음식이 있다면 그것도 맛볼게요. 어떤 맛인가요?

1 현재점수는?	2 10점의 상태를 한 문장으로 표현해주세요.	3 선호표상 체계별로 구체적으로 기재해주세요.	
		시각	
		청각	
		촉각	
		후각	
		미각	

스스로해보기

경력, 직장, 사업

※ 여러분도 작성해보세요.

> 인간의 생애주기가 바뀌면서 최소한 세 번 이상의 직업 전환이 필요해질 것으로 많은 전문가들이 예측하고 있습니다. 평생직장이라는 개념은 점차 희미해지고 있으며, 예전과는 달리 퇴직 후에도 지금까지 살아온 날 수 만큼이나 살아갈 날들이 많습니다. 10년 후에는 어떤 모습으로 살아가길 원하시나요? 자신이 진정 원하는 것은 무엇인가요? 지금 하고 있는 일이 앞으로의 내 삶에도 가치가 있나요? 앞으로 무엇을 준비해야 하는지를 미리 고민하는 것은 이제 선택이 아닌 필수인 시대입니다.

1. 나의 현재 상태의 평균점수는 몇 점인가요? (아래 질문의 답의 평균값입니다)

① 명확한 꿈이나 목표가 있나요? | 1 | 2 | 3 | 4 | 5 | 6 | 7 | 8 | 9 | 10 |

② 지금 하고 있는 일을 자랑스럽게 여기고 있나요? | 1 | 2 | 3 | 4 | 5 | 6 | 7 | 8 | 9 | 10 |

③ 지금 하는 일이 나의 성장에 도움이 되나요? | 1 | 2 | 3 | 4 | 5 | 6 | 7 | 8 | 9 | 10 |

④ 내 일이 사회에 의미 있는 기여가 되고 있나요? | 1 | 2 | 3 | 4 | 5 | 6 | 7 | 8 | 9 | 10 |

⑤ 직업(경력, 사업, 학업)에서 얻는 만족감은 어느 정도인가요? | 1 | 2 | 3 | 4 | 5 | 6 | 7 | 8 | 9 | 10 |

* 해당되는 것만 체크해서 평균점수를 계산하면 됩니다.

2. 10점 만점의 상태는 어떤 모습인가요? 그 상황을 한 문장으로 표현해보세요.

_____

3. 눈을 감고 그 순간의 모습을 상상해보세요.

(시각) 무엇이 보이는지 찬찬히 살펴봐 주세요.

(청각) 어떤 소리가 들리는지 귀 기울여 보세요.

(촉각) 느낌은 어떤가요. 어떤 감정이 느껴지나요?

(후각) 어떤 향기가 나는지 맡아보세요.

(미각) 앞에 음식이 있다면 그것도 맛볼게요. 어떤 맛인가요?

1 현재점수는?	2 10점의 상태를 한 문장으로 표현해주세요.	3 선호표상 체계별로 구체적으로 기재해주세요.	
		시각	
		청각	
		촉각	
		후각	
		미각	

스스로해보기

건강관리

※ 여러문노 삭성해보세요.

> 삶이 더욱 아름답고 풍요로워지려면, 몸도 아름다움과 건강함을 지녀야 합니다. 나이가 들면 다 아프다는 말은 게으른 핑계에 불과합니다. 어떻게 관리하느냐에 따라서 중년, 노년기에도 충분히 건강하고 활력 있게 살 수 있습니다. 고혈압, 콜레스테롤, 스트레스가 들어서지 못하도록 생활습관, 식생활을 개선해야 합니다. 맑은 피부, 건강한 몸, 활기찬 마음가짐 등 자신의 몸과 마음을 돌보는 것은 스스로를 자유롭게 만드는 가장 기본적인 행동입니다.

1. 나의 현재 상태의 평균점수는 몇 점인가요? (아래 질문의 답의 평균값입니다)

① 당신의 신체적 건강 상태는 만족스러운가요? | 1 | 2 | 3 | 4 | 5 | 6 | 7 | 8 | 9 | 10 |

② 건강한 음식을 섭취하고 있나요? | 1 | 2 | 3 | 4 | 5 | 6 | 7 | 8 | 9 | 10 |

③ 규칙적으로 운동을 하고 있나요? | 1 | 2 | 3 | 4 | 5 | 6 | 7 | 8 | 9 | 10 |

④ 건강검진을 정기적으로 받고 있나요? | 1 | 2 | 3 | 4 | 5 | 6 | 7 | 8 | 9 | 10 |

⑤ 질병을 예방하기 위한 나만의 방법을 지니고 있나요? | 1 | 2 | 3 | 4 | 5 | 6 | 7 | 8 | 9 | 10 |

* 해당되는 것만 체크해서 평균점수를 계산하면 됩니다.

2. 10점 만점의 상태는 어떤 모습인가요? 그 상황을 한 문장으로 표현해보세요.

3. 눈을 감고 그 순간의 모습을 상상해보세요.

(시각) 무엇이 보이는지 찬찬히 살펴봐 주세요.

(청각) 어떤 소리가 들리는지 귀 기울여 보세요.

(촉각) 느낌은 어떤가요. 어떤 감정이 느껴지나요?

(후각) 어떤 향기가 나는지 맡아보세요.

(미각) 앞에 음식이 있다면 그것도 맛볼게요. 어떤 맛인가요?

1 현재점수는?	2 10점의 상태를 한 문장으로 표현해주세요.	3 선호표상 체계별로 구체적으로 기재해주세요.	
		시각	
		청각	
		촉각	
		후각	
		미각	

윤코치   자. 한 발짝 물러서서 인생을 바라본 느낌이 어떠한가요?

나쌤   뭔가... 답답했던 생각들이 개운하게 정리가 되었어요. 저의 미래모습뿐만 아니라, 현재의 내가 무엇 때문에 스트레스를 받고 있었는지도 보다 명확해졌고요. 무엇보다도 제가 원하는 것이 무엇인지를 파악 할 수 있어서 좋았어요.

윤코치   정말 잘하셨어요! 상상만으로도 기분이 좋아지는 이유는 잠재의식이 원하는 것을 알게 해주는 과정이라 더 생생하게 다가왔을 거예요. 지금부터는 이것을 더 확실하게 이미지로 만드는 작업을 하셔야 해요. 지금 떠올린 것처럼 가족과 친구와 관련하여 10점 이미지와 어울리는 그림이나 사진을 최대한 많이 찾아보세요. 그런 후 나만의 드림노트에 붙여서 멋지게 시각화를 하면 됩니다.

나쌤   드림노트요? 그럼 노트부터 준비해야겠어요.

윤코치   네. 마음에 드는 것으로 노트를 준비해서 이미지를 조금씩 모아보세요.

나쌤   네. 오늘 당장 노트부터 구입해서 시작해보겠습니다!

윤코치   굿! 좋습니다! 자! 오늘의 미션 드릴게요.

오늘의 미션, 나만의 드림노트 마련하기

나쌤의 드림노트

※ 여러분들도 이미지를 모아서 나만의 드림노트를 만들어 보세요.

CHAPTER

PART 03

에너지 집중하기

- 최강멘탈,
스마트하게 유지하라! -

최강멘탈을 가진 사람들의 공통점

뿌리 깊은 나무는 바람에 흔들리는 것을 두려워하지 않고,
지혜로운 사람은 역경과 고난도 성장하는 기회로 만든다
이 모든 것은 타고나는 것이 아니라 만들어지는 것이다

'살아보니 지고 이기는 방법이 최고! 그 대신 절대 지지는 말 것!'

한단단 부장님이 자주 하시는 말씀이다. 그는 전형적인 외유내강 스타일의 상사이자 직장선배이다. 마르고 유약해 보이는 이미지 뒤로 숨겨진 강철 멘탈로 많은 선후배들에게 신임을 얻고 있다. 여기서 언급된 강철멘탈은 뻔뻔함과 이기적인 것을 표현하는 것이 아니다. 필요한 순간에는 양보할 줄도 알고, 타인이나 스스로를 용서하고 다시 이끌어갈 수 있는 용기를 가진 사람들의 정신력을 의미한다. 특히, 어려운 순간에도 쉽게 무너지지 않고 빠르게 회복할 수 있는 건강한 마음을 지닌 사람들. 이들의 공통점이 바로 최강멘탈을 지녔다는 것이다.

버티는 심정으로 하루하루 살아가다 보면 예상치 못한 순간에 원-카운트 펀치가 사정없이 나를 때려눕힐 때가 있다. 위기의 순간에 진정한 멘탈 수준이 확인된다. 유리멘탈은 작은 시련에도 와장창 무너지거나 영혼이 탈탈 털리기 십상이다. 회복하는 시간도 무척 더뎌서 오랜 시간 동안 불평불만을 늘어놓으며 타인과 스스로를 고통스럽게 만든다.

오늘도 옆자리 이한숨 대리의 멈추지 않는 불평불만을 듣고 있노라니 나까지도 기운이 쭉 빠지는 것 같다. 가만! 그런데 이 모습 너무나 익숙하다. 며칠 전 업무적으로 동료와 언쟁을 벌이고 난 후, 여러 사람에게 신세 한탄 했던 내 모습과 똑같다. 아뿔싸! 남 탓 할 것이 아니었다.

외부 환경에 따라 천국과 지옥을 넘나드는 나의 멘탈 때문에 그동안 얼마나 많은 희생이 뒤따랐을지를 생각하니 미안한 사람이 한둘이 아니다. 오늘은 코치님에게 건강한 멘탈을 유지하는 비법에 대해 전수받아야겠다.

나쌤 코치님! 무슨 일이 있을 때마다 쉽게 멘탈이 무너지는 사람들이요. 왜 그런 걸까요? 심지어 저는 누군가의 불평불만을 듣는 것만으로도 기운이 쫙 빠지는 기분을 느껴요. 주변 사람들을 보면 유난히 고통을 잘 이겨내는 사람들이 있던데... 혹시, 그들은 선천적으로 타고나는 걸까요?

윤코치 물론 개인의 성향은 타고나는 것도 절반 가까이 되기는 하죠. 캘리포니아 주립대학에서 실시한 연구에 의하면 타고난 성격이 50%, 돈이나 결혼, 직장, 종교 등의 외부적인 환경 요소가 10%라고 해요. 나머지 40%는 스스로의 노력 여하에 따라서 달라질 수 있기 때문에 우리는 여기에 집중해야 합니다.

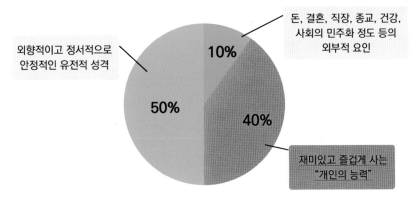

• 캘리포니아 주립대학, 소냐 류보머스키(Sonja Lyubomiesky)의 'The How of Happiness' •

나쌤 흠... 어떤 노력이요?

윤코치 우선 정신적인 힘이 강한 사람들의 공통점을 한번 살펴보도록 하죠.
크게 세 가지 공통점이 있어요.
첫 번째는 '건강한 자존감'입니다.

나쌤 자존감이면... 자신을 사랑하고 존중하는 마음을 말씀하시는 건가요.

윤코치 그렇죠. 구체적으로 이해하기 위해서 비슷한 단어인 자존심과 비교해보도록 하죠.
두 단어 모두 자기 자신을 존중한다는 의미이지만 공통점보다 차이점이 훨씬 더
큽니다. 두 단어를 영어로 표기할 때 일상 단어로써는 Self-esteem이라고 사용
하기도 하지만, 전문용어로써 구분하게 되면 자존심은 Pride 또는 ego로 표기
하는 것이 더 적합해요.

자존감은 '있는 그대로의 모습에 대한 긍정'이지만, 자존심은 '경쟁 속에서의 긍
정'을 의미하거든요. 자존심이 강한 사람은 스스로가 부족하다는 것을 감추고
잘났다는 믿음을 갖도록 스스로 강요하고, 자신의 성과를 타인에게 과시하고 드
러내기에 바쁩니다. 인정의 기준이 내면이 아닌 외부에 있는 것이죠. 그래서 누
군가의 인정에 항상 목말라 있어요. 자존심에 휘둘리면 분별력을 잃게 됩니다.
자존감이 높은 사람은 이러한 자존심을 부릴 가능성이 적고, 꼭 필요할 때만 사
용해요. 자기스스로를 객관적으로 판단하고 인정할 수 있는 사람은 단기적인 실패
나 부진에 불안해하지 않아요. 그래서 자존감이 높은 사람일수록 흔히들 멘탈이
강하다는 이야기를 많이 하죠.

나쌤 그렇군요. 자존감이 높은 사람은 자존심을 부리는 경우가 적다는 말씀이 인상적
인데요. 갑자기 궁금해졌는데 저의 자존감 상태가 어떤지 알 수 있는 방법이 있
을까요?

윤코치 물론이죠, 세 가지 질문을 드려 볼 테니 10점 만점 중에 어느 정도 수준인지 생
각해보세요.

1. 스스로를 객관적으로 알아차리고, 있는 그대로의 나를 존중하고 있는가?

2. 어떠한 과제를 수행할 수 있는 능력을 갖추기 위해 노력하고 있는가?

3. 내 스스로 환경을 통제할 수 있음을 믿고 매사에 감사한 일들을 찾아낼 수 있는가?

나쌤   아... 질문을 받으니 자존감의 요소로 '객관적인 자기판단, 과제수행 능력의 개발 노력, 긍정적인 사고'로 정리가 되는 것 같아요. 바로 실천한다 하더라도 예상치 못한 일들이 벌어지면 또 무너질 것 같은데...

윤코치   그럴 수 있죠. 하지만, 포기하지 않으면 돼요. 현재의 내 자존감은 과거부터 쌓여 온 노력의 결과값이에요. 자존감의 요소들을 잘 챙긴다면 지금 당장부터 나아질 수 있어요. 반복의 힘을 믿어보세요.

나쌤   현재의 내 자존감은 과거부터 쌓여온 노력의 결과값이라는 말씀을 들으니 반성 됩니다. 앞으로 더 노력해야겠어요. 최강멘탈을 지닌 사람들의 공통점 두 번째 는 뭔가요?

윤코치   두 번째는 '사고의 유연성'이에요.

이는 어떠한 상황이 주어졌을 때 기존의 패러다임에 갇혀있지 않고, 상황과 조 건에 따라 다양한 방식으로 사고할 수 있는 능력을 말합니다. 이 능력은 성공과 변화의 핵심 원리라고 할 수 있어요.

나쌤   저에게 정말 부족한 부분이에요. 갑자기 그와는 정반대인 꼰대라는 단어가 생각 이 나네요. 권위적이고 틀에 박힌 사고를 하는 어른들을 낮추어 표현하는 단어 인데... 저는 해당 사항이 없는 줄 알았거든요. 그런데, 가끔씩 제가 그렇게 행동 을 해서 스스로에게 놀랄 때가 있어요.

윤코치   어떤 때에 그런 생각을 하시나요?

나쌤   흠... 사람이나 상황의 다양성을 쉽게 인정하기 어려울 때요. 나와는 다른 의견이 나 행동양상을 보이면 그 사람을 이해하고 표용하기보다 탓하는 경우가 있어요. 신입사원들과 대화할 때도 그들의 자유로운 사고가 불편하게 느껴질 때도 있었 고요. 티내지 않고 대화는 잘 마쳤지만, 순간 나도 어쩔 수 없는 꼰대인건가 하는 생각이 불현듯 스쳤거든요. 요즘은 중학생 아들하고 대화할 때도 이런 제 자신을 많이 느끼고 반성하게 돼요.

윤코치 그래도 스스로 알아차리고, 그런 생각을 하는 것만으로도 매우 발전적입니다. 사람에 대한 포용의 힘을 키우려면, 사람은 누구나 자기 세상에서 최선을 다해 살아가는 존재라는 믿음이 필요해요. 조금 부족하더라도, 나와 맞지 않더라도 분명 그 사람은 자기 세계 안에서 최선을 다하는 것이거든요.

나쌤 듣고 보니 그렇네요. 지금까지 살아온 삶이 달랐으니 행동도 말도 다른 것이 정상인데요. 누구나 자신의 세계 안에서 최선을 다하는 것이라는 믿음. 명심하겠습니다.

윤코치 유연성은 창의력과 통찰력에도 꼭 필요한 역량이에요. 세상을 바라보는 자신의 안경을 벗고 순수하게 받아들일 마음의 준비가 되어있으면 다양한 해결방법이나 아이디어들도 많이 얻을 수 있거든요. 그리고, 유연성은 대나무와 같은 힘을 갖고 있어요.

나쌤 대나무요?

윤코치 네. 강한 바람일수록 오히려 큰 나무는 꺾일 가능성이 있지만, 대나무는 탄력이 뛰어나서 휘어질지언정 잘 부러지지 않아요. 그 이유는 속이 텅텅 비어있고, 마디가 있어서 그렇지요. 사람도 마찬가지예요. 그 상황을 인정하고, 사람을 이해(존중)하고, 부정적인 생각을 비우려는 노력이 필요해요. 그리고, 인생에서 벌어지는 다양한 경험들을 긍정적으로 승화시킬 줄 아는 지혜가 대나무의 마디처럼 유연성을 키워주지요. 사고의 유연성이 있는 사람일수록 위기상황 속에서 더 빛이 납니다.

나쌤 위기상황에서 뭐가 다른가요?

윤코치 필수적 다양성의 법칙을 생각해보죠. 모든 조건이 동일하다면 가장 폭넓게 반응하는 기계나 사람이 그 시스템을 통제할 수 있게 된다는 것인데요. 즉, 같은 위기상황일 때 유연한 사람이 언제나 더 많은 것을 선택할 수 있게 되고, 이는 곧 통제를 더 잘 할 수 있다는 의미와 같아요.

나쌤 아… 유연한 사고의 중요성에 대해 새삼 깨닫게 됩니다. 저에게 부족한 것 중 하나였는데 앞으로는 달라져야겠어요. 코치님, 마지막 남은 세 번째는 뭔가요?

윤코치 최강멘탈을 가진 사람들의 공통점 세 번째는 '빠른 회복 시스템'입니다. 오늘 이 부분을 집중적으로 다룰 예정입니다.

성공하는 사람들의 일곱 가지 습관의 저자 스티븐 코비는 자신의 책에서 90:10의 법칙을 강조했어요. 인생은 우리가 통제하기 힘든 10%의 사건과 90%의 반응으로 이루어져 있다는 의미죠. 어떤 사건이 벌어졌을 때 그 사건이 누구에게 벌어졌느냐에 따라서 결과가 달라지게 되는 것을 많이 보았을 거예요. 괴로움은 피할 수 없더라도 고통은 선택입니다. 이처럼 어떠한 의미를 부여하고 선택하느냐가 관건이죠. 이 과정을 회복 시스템이라 해요.

나쌤 친구들이나 동료를 보면 유난히 멘탈이 강한 사람들이 있어요. 지금 생각해보니 다른 사람들과 생각하는 것이나 행동이 많이 다른 것 같아요.

윤코치 네, 바로 그거예요. 회복 시스템이란, 시련이나 실패에 대한 인식을 빠르게 긍정적으로 바꿔주어서 다시 회복할 수 있도록 하는 걸 의미해요. 그들은 같은 문제도 바라보는 시각이 긍정적이고, 그러다 보니 행동지침도 남다르죠. 당연히 좋은 결과가 나올 수밖에 없는 체계를 갖추고 있어요. 특히, 스트레스와 불안을 극복하는 자기만의 방식 또는 장치가 많을수록 유리하죠.

나쌤 회복 시스템… 어렴풋이 알 것 같아요.

윤코치 간단히 말하면 마음의 근육을 훈련하는 작업이라고 할 수 있겠어요. 노동과 운동의 차이와 마찬가지예요. 노동은 건강 상태와 상관없이 무리가 가더라도 그 행동을 지속적으로 하는 것이고 매우 수동적이죠. 반면, 운동은 신체 상태의 컨디션에 따라 휴식을 취하기도 하고, 인체에 좋은 영향을 미치는 바른 자세를 취해서 더 좋은 건강함을 유지하기 위해 선택하는 매우 능동적인 행위입니다.

나쌤 마음에도 근육이 있다고 한다면, 지금 제 마음에 근육은 거의 없는 말라깽이 같아요. 힘든 일이 찾아와도 쉽게 좌절하지 않고 다시 일어설 수 있는 힘이 제게 있었으면 좋겠어요. 어떻게 하면 최강멘탈이 될 수 있을까요?

윤코치 네. 그 방법을 하나씩 알려드릴게요.

자유감정기법(Emotional Freedom Techniques)

윤코치　우선 자유감정기법이라고도 불리는 EFT를 함께 살펴볼 거예요. EFT는 셀프치유기법 중 하나에요. 몸의 에너지 순환을 돕는 타점을 두들김으로써 감정과 몸을 편안하게 하는 방법이죠. EFT의 원리는 한의학의 경락요법을 기반으로 하고 있어요. 하지만, 그 기원은 재미있게도 미국이랍니다.

나쌤　한의학인데 미국에서 개발됐다니 특이하네요.

윤코치　임상심리학 박사 로저 칼라한이 평소 한의학을 공부하고 있다가 본인의 환자에게 적용해서 성공한 것이 시초거든요. 물 공포증 환자였는데, 물에 대한 두려움과 불안이 극도로 심해서 목욕은커녕 샤워도 몇 분 이내로 마치고 나와야 할 정도였어요, 심지어 TV에서 물이 흐르는 장면만 나와도 소스라치게 놀랄 정도였습니다.

　그녀와의 상담 중 소화가 잘 안 된다는 이야기를 듣고, 로저 칼라한 박사는 그녀에게 소화에 도움이 되는 한의학 경혈점(눈 밑에 위치한 승읍혈점)을 두들길 것을 권하게 되죠. 그 이후 드라마틱한 일이 벌어지게 됩니다. 타점을 두드리던 마리아는 그토록 무서워했던 물을 두려워하지도 않았을 뿐만 아니라 수영장에 입수를 할 수 있게 됩니다. 이 우연한 사건을 계기로 로저 칼라한 박사는 한의학의 경혈을 두드리는 타법과 심리학의 연결고리를 연구하게 되었습니다. 이것이 EFT가 세상에 태어난 최초의 배경입니다.

나쌤 어머나! 신기하네요. 타점을 두드리는 것만으로도 심리적인 질병이 낫는다는 것이 믿기 어려운걸요.

윤코치 저도 처음엔 그랬어요. 여러 가지 실증과 체험을 직접 확인하기 전까지는요. 상처가 된 부정적 사건들(불안, 공포, 두려움 등)이 신체 에너지 시스템의 혼란을 가져오고, 누적된 부정적 감정은 제한된 신념과 신체 증상을 일으키게 되는 것이죠. 일반적인 신체 증상도 감정으로 인해 생기는 병들이 생각보다 많답니다.

나쌤 부정적인 감정으로 인한 질병들이 많죠. 스트레스가 만병의 근원이라는 말도 있잖아요. 결국, 마음이 건강해야 신체도 건강해진다는 거네요!

윤코치 그렇죠. 해소되지 않은 감정은 반드시 몸으로 나타나게 되어 있어요. 부정적인 사건이 누적되면 부정적 신념이나 태도를 형성하는데, EFT를 통해서 감정을 중화시키고, 경락을 소통시켜서 신체 증상을 치료하는 것이죠.

영국의 옥스퍼드 대학과 Kaiser Behavioral Health Services의 연구 결과에서도 경혈점을 두드리는 치료가 여러 문제에 긍정적인 효과가 있다는 것이 밝혀진 바 있어요. 두 곳에서 다루었던 문제 안에는 불안, 우울증, 알코올 남용, 분노, 건강 상태로 인한 불안, 사별, 만성 통증 등 여러 가지가 포함되어 있습니다.

AK의학(Applied kinesiology; 응용 근신경학) 전문가인 스미스 박사도 근육검사와 신경 전달 물질, 그리고 경락과의 상관관계를 분석해서 발표한 적이 있어요. 정서적인 스트레스가 변연계를 자극하고, 여기서 나오는 신경 전달물질의 과부족으로 인해서 근육 긴장도와 자율 신경계에 변화가 생긴다는 내용이에요. 정리하면, 경혈점을 자극해서 신경 전달 물질의 과부족을 해소해서 무의식의 문제를 해결한다는 것이죠.

● AK의학에서의 증상별 경혈점의 위치 ●

증상	관련 신경전달물질	경혈점
자존심 경멸	아세틸콜린 과다	기문 … 1
분노, 증오	GABA 과다	중부 … 2
욕구나 욕망, 외로움	도파민 과다	인중 … 3
공포, 불안	세로토닌 과다	유부 … 4
비통, 슬픔	도파민 부족	승장 … 5
무기력, 절망	GABA 부족	영향 … 6
죄의식, 비난	아세틸콜린 부족	동자료 … 7
수치심, 굴욕감	세로토닌 부족	정명 … 8

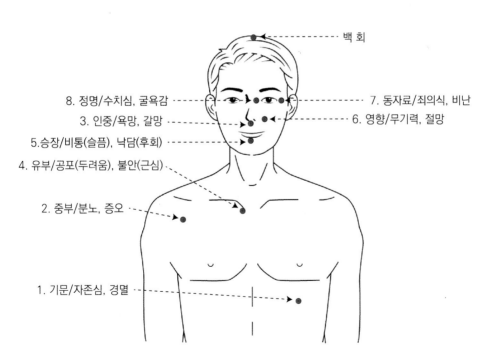

나쌤 아하! 이건 별다른 도구 없이도 할 수 있는 거라 일상에서도 충분히 활용할 수 있겠어요. 업무하다가 자존심 상하는 일이 있다면 기문(가슴뼈 부근)을 두드려 주면 되는 거죠? 만나고 싶지 않은 사람과 어쩔 수 없이 마주해야 때는 괴로운 순간에는 중부(쇄골 밑)를 살짝 눌러주면 도움이 될까요?

윤코치 하하하. 네. 도움이 되죠. 응용을 잘하시네요.

나쌤 제시해주신 근거를 보니 믿음이 생깁니다. 우리의 몸과 감정, 즉 무의식이 밀접 하게 연관되어 있다는 것이네요.

윤코치 정확합니다. EFT의 원리 자체가 부정적 사건이 우리 몸의 에너지 순환을 혼란스 럽게 하고 이것이 부정적 감정을 누적시켜 신체적 증상을 일으킨다는 것을 전제 하고 접근하는 방식이에요. 한의사들 중에서도 EFT를 종종 권하기도 하고 관련 책이나 영상들도 시중에 많이 나와 있답니다.

나쌤 그렇군요. 그런데 EFT는 어디를 어떻게 두드리는 거죠? 타점이라고 하는 걸 보 면 정해진 부위가 있는 것 같아서요.

윤코치 EFT에서는 총 14개의 경혈을 사용해요. 구체적으로 살펴보면, 찬죽(눈썹), 동자 료(눈가), 승읍(눈 밑), 수고(코 밑), 승장(입술 밑), 수부(빗장뼈 밑), 대포(옆구 리), 기문(아랫가슴), 소상(엄지손가락), 상양(집게손가락), 중층(가운데손가락), 소층(새끼손가락), 중저(손등), 후계(손날)가 해당됩니다. 각 경락에는 기시혈과 종지혈이 두 개씩 있는데 하나의 기시혈과 종지혈만 두드려서 각 경락의 혼란을 바로 잡는 원리인 것이죠. 그림으로 한번 살펴볼까요?

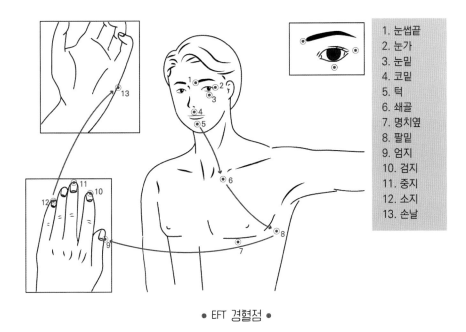

1. 눈썹끝
2. 눈가
3. 눈밑
4. 코밑
5. 턱
6. 쇄골
7. 명치옆
8. 팔밑
9. 엄지
10. 검지
11. 중지
12. 소지
13. 손날

● EFT 경혈점 ●

윤코치　처음에는 심리적인 문제를 해결하기 위해 EFT가 활용되었지만 이후 다양한 증
상에 적용한 결과 신체적 증상 개선, 학업능력 향상, 스포츠 능력 향상, 성 기능
개선 등에서도 탁월한 효과가 확인되었다고 해요. 다양하게 활용해보세요.

EFT 적용 범위

1. 심리적 장애: 스트레스, 불안, 공포증, 공황장애, 우울증, 강박증, 트라우마, 불면증 등
2. 신체적 고통: 두통, 요통, 관절통, 견비통, 위장장애 등 소화기 질환, 혈압이나 당
   뇨 및 심혈관계 질환 등
3. 각종 알레르기 질환
4. 금연, 금주를 비롯한 각종 중독증
5. 자신의 제한적인 신념과 믿음 체계 재구성(Reframing)
6. 인간관계, 이성 문제, 육아 문제, 학업, 스포츠 능력 향상 등 사회 활동 전범위

나쌤　　우와... 정말 다양하게 적용이 가능하네요. 그럼 지금 당장 해볼 수 있을까요? 마침 제가 오전에 사춘기 아들과 말싸움을 해서 속상하고 스트레스가 있거든요. EFT가 정말 효과 있는지 제가 직접 해보고 싶어요.

윤코치　　그러죠. 함께 해보도록 해요. 일단 타점을 두드리기 전에 문제를 정의하고 확언 문장을 만들어 봅시다.

> 문제 정의: 아들과 다투어서 속이 상하고 스트레스를 받은 상태.
>
> 확언 문장: 나는 비록 (아들과 다투어서 마음이 속상하고 스트레스를 받았지만)
> 　　　　　이런 나를 있는 그대로 인정하고 받아들입니다.

스스로해보기

EFT 실행순서

※ 여러분도 따라해보세요.

1 문제 택하기
해결하고 싶은 자신의 육체적, 심리적 문제를 하나 골라주세요.
그리고 그 증상이 얼마나 불편한지 잘 관찰해보세요.
0에서 1까지의 점수를 매긴다면 어느 정도일까요?

2 받아들이기

아래의 괄호 속에 당신의 문제를 최대한 구체적으로 표현한 후,
손날을 가볍게 두드리며 그 문장을 3회 되풀이하여 이야기합니다.

**"나는 비록 (잠을 잘 못 자서 왼쪽 어깨가 뻐근)하지만 이런 나를
있는 그대로 완전히 받아들입니다."**

3 두드리기
이번에는 문장을 간단히 줄여보자.
다음 타점마다 문장을 한 번씩 되뇌면서, 7회씩 가볍게 두드립니다.
"왼쪽 어깨의 뻐근함"

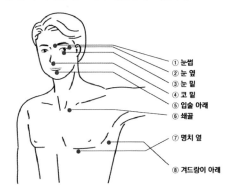

① 눈썹
② 눈 옆
③ 눈 밑
④ 코 밑
⑤ 입술 아래
⑥ 쇄골
⑦ 명치 옆
⑧ 겨드랑이 아래

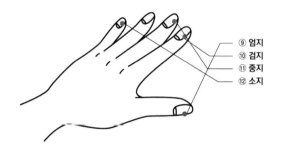

⑨ 엄지
⑩ 검지
⑪ 중지
⑫ 소지

4 점검하기

이제 증상을 느껴보고 점수를 다시 매겨보자. 처음에 매겼던 점수와 비교해보세요.

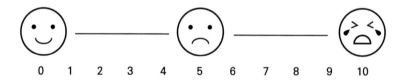

0 1 2 3 4 5 6 7 8 9 10

부족하게 느껴지다면

다시 2. 받아들이기와 3. 두드리기를 5회 이상 반복합니다.

"나는 비록 여전히 (왼쪽 어깨의 뻐근함)이 남아있지만
이런 나를 있는 그대로 완전히 받아들입니다."

"여전히 남아있는 (왼쪽 어깨의 뻐근함)"
 또는
"조금 남아있는 (왼쪽 어깨의 뻐근함)"

* 참고자료 및 출처: 「5분의 기적 EFT」(최인원)

좋은 결과를 부르는 샤우팅 기법

윤코치 이번에 알려드릴 회복시스템 두 번째 기술은 샤우팅이에요.

나쌤 샤우팅이요? 소리를 지르는 건가요?

윤코치 스스로에게 말하는 기술이에요. 중요한 일정을 앞두고 심리적인 불안감이 있을 때 활용하면 좋아요. 사람은 발산시켜야 하거든요. 제게 코칭을 받고있는 프로 골프 선수도 대회 전날이면 항상 이 기술을 적용하고는 좋은 성적을 유지하곤 한답니다.

나쌤 코치님 말씀을 들으니 박찬호 선수의 자기최면이 떠오르네요. 아침마다 자기 자신에게 최면을 걸었다고 했었거든요. 참 멋있다고 생각했었어요.

'나는 나의 능력을 믿으며, 어떠한 어려움이나 고난도 이겨낼 것이다/ 나는 자랑스러운 나를 만들 것이며, 항상 배우는 사람으로서 더 큰 사람이 될 것이다/ 나는 늘 시작하는 사람으로서 새롭게 일할 것이며, 어떤 일도 포기하지 않고 끝까지 성공시킬 것이다.'   -박찬호

윤코치 박찬호 선수가 활용한 방법도 샤우팅 기법이라고 할 수 있죠. 자기최면을 통해서 잠재의식에 긍정적인 에너지를 넣어주는 기술이에요. 잠재의식을 잘 활용하면 우리의 습관과 행동을 원하는 방향으로 통제할 수 있게 되고, 자신의 능력을 몇 배나 더 크게 발휘할 수 있어요.

나쌤 긍정적인 에너지를 넣어주는 주문이라고 하셨는데, 정말 이게 잠재의식까지 영

향을 미칠까요?

윤코치 쉽게 설명을 해볼게요. 마음에 잠재의식이라는 주머니가 있다고 생각해보세요. 이 주머니에 어떤 에너지를 담고 살아가느냐에 따라 인생이 달라지죠. 긍정적인 에너지가 가득 찬 사람들은 매사 활기차고 자신감 있는 상태가 되고, 결국 주변 사람들에게까지 좋은 영향을 주게 됩니다. 사람들은 이런 사람들에게 매력을 느껴요. 결국, 마음의 에너지가 충만한 사람들은 상황을 자신에게 유리한 방향으로 전환할 수 있습니다. 당연하게도 자신이 가진 에너지가 부족하면 절대 다른 사람에게 사랑이나 관심을 나눠주질 못해요. 오히려, 마음 주머니가 텅텅 비어 있는 사람들은 무기력, 불안, 우울, 외로움 등의 부정적 감정을 만성적으로 느끼고 타인의 관심과 사랑을 끊임없이 갈구하게 됩니다.

나쌤 샤우팅이 바로 마음 주머니를 채워주는 방법이군요. 매일, 자주 하면 에너지가 많이 쌓일 수 있겠어요.

윤코치 좋은 생각이에요! 자주 할수록 좋아요! 그 이유는 부정이 긍정보다 다섯 배 이상은 강해요. 게다가 인간은 진화론적으로도 생존을 위해 부정적인 것에 더 민감하게 반응하도록 설계가 되어있거든요. 한번 부정적인 정보가 들어오면 그 이상의 강력한 긍정적인 정보가 연속적으로 들어와 주어야 간신히 부정적인 상태에서 벗어날 수 있어요. 그래서 더욱 긍정의 상태가 유지될 수 있도록 부단한 노력을 기울일 필요가 있어요.

나쌤 흥미롭기는 한데 주문을 외우면서 스스로에게 말한다는 게... 쑥스러울 것 같아요.

윤코치 처음엔 조금 어색할 수도 있지만, 한번 해보시면 생각이 달라지실걸요. 스스로에게 하는 강력한 긍정주문이 오로라처럼 내 잠재의식에 번져서 얼마나 큰 힘을 주는지 직접 경험해보세요. 아마 지속적으로 하시게 될 거예요.

나쌤 어떻게 하면 되는지 알려주시겠어요?

윤코치 네, 몇 가지 상황별 샤우팅 기법을 알려드릴게요. 첫 번째는 긴장감 해소가 필요할 때 할 수 있는 방법이에요. 긴장될 때에 잠재의식은 우리에게 무언가 말을 하고 있을 거예요. '불안하다', '긴장된다'의 메시지를 보내게 되죠. 그럴 때는 최대한 길게 자기에게 하고 싶은 긍정적인 말을 해서 긴장을 완화 시켜주는 게 좋아요. 그리고 그 문장 안에는 반드시 들어가야 하는 문구가 있어요.

'나는 이 세상에서 제일 소중하다.'

샤우팅은 반드시 긍정어로 구성하고, 자신이 수용할 수 있는 암시를 만들어서 매일 자주 반복해주는 것이 좋습니다. 왜냐하면, 너무나 현실과 동떨어진 주문을 걸게 되면 잠재의식에서 받아들이지 못할 수도 있거든요.

나쌤 아 그렇군요. 조금 더 쉽게 이해할 수 있도록 예시를 들어주시면 좋을 것 같아요.

윤코치 그러죠. 홍프로 선수의 일화를 소개해드릴게요. 운동경기 전에 극도의 긴장감을 느끼고 있을 때 항상 자기에게 하는 샤우팅 문구예요.

'나는 이 세상에서 제일 소중하다. 난 지난 대회에도 잘했고, 이번 대회에서도 변함없이 잘할 것이다. 이것을 꼭 기억하자!'

그리고는 문장 뒤에 덧붙여서 그 상황에 맞는 긍정적인 말들을 최대한 길게 이야기해줍니다.

나쌤 아! 확실히 알았어요. 완성된 문장들은 듣기만 해도 힘이 생기는 것 같아요. 저도 저만의 샤우팅 문구를 만들어봐야겠어요.

'나는 이 세상에서 제일 소중하다. 나는 늘 성실하고 최선을 다하는 모습으로 세상을 대할 것이다. 나의 탁월함이 성실함과 만나 최고의 성과를 낸다는 것을 꼭 기억하자. 나는 경험하는 모든 것들에서 배우고 성장하고 있다.'

윤코치 잘하셨어요! 두 번째는 목표달성을 위한 동기부여에서 쓸 수 있는 방법이에요. 아주 짧게 만들어서 수시로 해주면 우리의 잠재의식이 매우 좋아합니다. 단, 인간의 뇌는 최소 여섯 번 이상 반복해야 기억이 오래가기 때문에 여러 번 해주는 것이 좋아요.

예시: '000 사랑해~! 넌 잘 할 거야!'를 여섯 번 말해주기.

나쌤   이건 간단하네요. 저도 짧게 만들어 볼게요.

'나쌤은 늘 최고! 잘 할 거야!' '나쌤은 늘 최고! 잘 할 거야!' '나쌤은 늘 최고! 잘 할 거야!' '나쌤은 늘 최고! 잘 할 거야!' '나쌤은 늘 최고! 잘 할 거야!' '나쌤은 늘 최고! 잘 할 거야!'

앗! 신기하게도 기분도 좋아지고 마구 힘이 나요.

윤코치   와우! 실천력 짱이십니다! 매일 도전해보시고 어떻게 달라지는지 다음 코칭 시간에 꼭 들려주세요.

나쌤   네, 오늘도 선물을 많이 받고 가네요. 하하하. 잘 알겠습니다. 꼭 해볼게요!

스스로해보기

※ 여러분도 함께 만들어 보세요.

1. 긴장감 해소를 위한 샤우팅 문구

　나는 이 세상에서 제일 소중하다. _____

　_____

　_____

　_____

2. 목표달성, 동기부여를 위한 짧은 샤우팅 문구

　_____

마음의 중심을 잡는 센터링 기법

윤코치   자, 회복시스템 세 번째 기술은 센터링 기법이에요.

나쌤   센터링이라면 중심 잡기 같은데요.

윤코치   빙고! 흔들리는 마음의 중심을 잡는 기술입니다. 조금 더 구체적으로는 몸과 마음, 영혼을 하나로 통합시키는 기술이라고 할 수 있죠. 사람은 누구나 충격적인 사건을 마주하게 되면 순간적으로 영혼이 이탈하게 됩니다. 이때 영혼과 몸을 통합시키는 것, 즉 밖에 있는 에너지와 기운을 내면으로 다시 모아 중심을 잡는 거에요. 그래야 바깥 세계에서 일어나는 사건과 사물에 대해 객관적으로 살피고, 새로 시작하는 힘을 얻을 수 있거든요.

나쌤   명상과 비슷한 것 같아요. 마음의 평정심 찾기 같은 거군요.

윤코치   명상과는 비슷하면서도 다른 부분들이 있어요. 명상(meditation)은 인간의 마음을 잡념과 고통, 걱정으로부터 해방시켜 왜곡 없이 순수한 상태로 되돌리는 실천 과정을 의미해요. 센터링보다는 더 깊은 성찰을 요구하죠. 하지만, 센터링(centering)은 어떤 사건에 대해 부정도 긍정도 아닌 중립을 유지하게 해서 동요하는 감정을 가라앉히고, 객관적 판단이 가능하게끔 만들어 주는 기술입니다. 상대적으로 명상에 비해 빠르고 간단한 편이에요. 예를 들어 순간적으로 욱하는 감정이 느껴져서 정서안정이나 집중력이 필요할 때 간편하게 활용할 수 있죠. 센터링 수행능력은 프로코치들의 역량을 판단하는 중요한 지표가 되기도 해요.

나쌤   프로코치들의 역량이라면 일반인들은 적용하기 어려운 것은 아닐까요.

윤코치   방법은 쉽지만, 순간적으로 활용할 수 있으려면 습관으로 만드는 노력이 필요해
          요. 프로코치들은 분노나 우울감 등 부정적인 감정이 올라올 때 다스릴 수 있는
          능력이 꼭 필요한데 그때 활용할 수 있는 기술 중 하나가 센터링 기법이거든요.
          자신의 감정을 얼마나 잘 관리하느냐가 중요한 직업이기 때문에 언급한 거예요.
          그만큼 센터링 기법은 강력합니다.

나쌤   아, 그렇군요. 센터링을 하는 방법이 쉬우면서도 강력하다고 하시니 더 궁금해
          집니다.

윤코치   네, 같이 한번 해볼까요?

센터링 따라 해보기

센터링 기본 호흡법(공통사항)

– 의식적으로 입은 다문 채로 코로만 숨을 들이마시고(3초), 3초간 잠시 멈추었다가 내쉽니다.

– 코로 호흡할 때만 폐 끝까지 공기가 들어갈 수 있습니다. 숨을 들이마실 때에는 흉곽이 함께 늘어나야 올바른 호흡입니다.

* 비강 호흡이 좋은 이유는 외부오염물질 방어, 습도 유지 등 건강상의 장점도 있지만, 코로만 숨을 쉬게 되면 생명과 즉각적으로 연결되기 때문에 쓸데없는 잡념이 사라지게 하는 데 큰 도움이 됩니다.

---

1. 기본 센터링(1~3분 이내 실시)

– 엉덩이와 허리를 의자에 밀착시키고 앉아서 다리는 11자, 무릎은 직각으로 놓아둡니다.

– 손은 자연스럽게 배꼽 아래쪽에 두고 기본 호흡을 실시합니다.

---

2. 집중력 향상 센터링(1~3분 이내 실시)

– 의자에 앉거나 선 자세로 다리(발목)와 팔(손목)을 꼬고 기본 호흡을 실시합니다. (이때 다리와 팔은 반대로)

　예: 다리가 오른쪽이 바깥이면, 손은 왼손이 위로

3. 수면 센터링(편안한 숙면과 무의식 정화)

- 가벼운 스트레칭을 하고 잠자리에 편안한 자세로 누워 수면 센터링을 준비합니다.
- 눈을 감고 구름 위에 있다는 느낌으로 몸을 이완하고 천천히 코 호흡을 합니다.
- 이때 자신이 좋아하는 향기(꽃이나 기타 향)를 코로 마셔 발끝까지 보낸다고 생각하면서 들이마십니다.
- 다시 천천히 입 밖으로 공기를 내뱉습니다. (시간을 최대한 늘려서 들이마시고, 내쉽니다.)

4. 워킹 센터링(우울증 및 스트레스 해소)

- 자연환경, 조용하고 한적한 길, 편안하게 걸을 수 있는 최적의 공간에서 실시합니다.
- 자신의 호흡 길이에 따라서 마음속으로 4, 6, 8의 숫자 중 하나를 선택해서, 규칙적인 카운트를 하며 워킹합니다. (예를 들어 4카운트를 선택했다면, 천천히 숨을 들이마시면서 1,2,3,4를 카운트해주며 걷고 잠시 멈추었다가 1,2,3,4의 카운트를 하며 숨을 내쉬면 됨)
- 온몸의 감각을 느끼며 발가락 끝에 닿는 미세한 에너지까지도 집중하는 것이 포인트입니다.
- 걸으면서 온몸에 전해지는 에너지를 내 안에 저장하고, 자신의 긍정적 잠재의식이 충전될 수 있을 때까지 지속합니다.

스스로 강해지는 알고리즘, 헬프코칭

윤코치	회복시스템의 마지막 기술은 헬프코칭입니다.
나쌤	헬프코칭! 이름부터 마음에 들어요. 뭔가 나 스스로를 코칭할 수 있는 비법을 전수 받을 수 있을 것 같아요.
윤코치	헬프코칭은 단순히 부정적 감정을 해소하고 완화시켜주는 것뿐만이 아니라 구체적으로 스트레스 요인과 대안을 찾게 해주는 코칭 기법이에요. 일반적으로 스트레스 지수가 최고점일 때 활용하면 좋아요.
나쌤	아! 강도가 센 스트레스를 말씀하시는군요.
윤코치	그렇죠. 제한된 신념을 벗어난 상황에 맞닥뜨렸다거나, 과도한 스트레스에 시달리거나, 잠재적인 콤플렉스를 극복하고자 할 때 헬프코칭이 적합합니다. 조용히 생각할 수 있는 혼자만의 공간과 여유로운 시간을 갖고 시작하는 것이 중요하고요. 구체적으로 수치를 기재해주어야 해요.
나쌤	말 그대로 혼자서 할 수 있는 코칭이네요. 문제점과 해결 방법을 찾아갈 때도 유용할 것 같아요.
윤코치	그럼요. 특히, 문제점을 바라보는 시각에 변화를 줌으로써 스트레스가 많이 감소되죠. 헬프코칭의 최대 강점은 과도한 스트레스와 심각한 갈등 상황에서부터 지속적으로 괴롭혀 오는 부정적인 정서까지도 변화시키는 것이에요. 또한 중요한 선택을 앞둔 상황에서도 적용할 수 있는 코칭기술입니다. 헬프코칭의 핵심 포인트는 자기 객관화의 단계적 접근이에요. 자신을 가장 잘 아는 사람은 바로 자

신이죠. 그 자신이 완전한 객관적 관찰시점에서 바라볼 수 있다면 이미 스트레스와 갈등은 조금씩 사라지기 시작합니다.

예를 들어 평소에 잠재의식 속 부정적인 정서가 있는 상태에서 스트레스 상황에 놓이게 되면 인간은 평소보다 더 민감하게 반응을 하게 됩니다. 이때 그 스트레스가 가짜라는 것을 알아차리는 것, 즉 나만의 판단으로 오해하고 있다는 사실을 발견함으로써 스트레스가 감소되는 원리이죠.

헬프코칭의 객관화는 여섯 단계를 거칩니다.

> 1) 자신의 문제에 대해 객관적 관찰 시점을 적용한다.
>
> 2) 충분히 자신이 느끼고 있는 현재의 갈등을 표현한다.
>
> 3) 자신이 원하는 것을 빠르게 찾는다.
>
> 4) 바라보는 사실이 진짜인지 가짜인지 객관적으로 분별한다.
>
> 5) 부정적 정서가 자신의 탁월성에서 비롯된다는 사실을 인지한다. (누군가 게으른 게 불만이라면 자신의 부지런한 탁월성으로 그 부정적 정서가 생기는 것)
>
> 6) 스스로 결정을 하는 과정을 통해서 자신의 장점을 발견하고 긍정화시킨다.

나쌤   빨리 적용해보고 싶은데 구체적으로 설명해주시겠어요?

윤코치   헬프코칭은 아래의 순서로 진행이 됩니다.

> ① 상황: 스트레스받는 상황에 대한 설명
>
> ② 기대하는 사항: 내가 원하는 상태에 대한 설명
>
> ③ 이유: 스트레스를 받는 이유를 10가지 찾아서 기재
>
> ④ 사실과 판단 구분 : 스트레스 이유가 각각 사실 or 판단 여부 점검
>
>   〈사실의 기준: 문장 앞에 "모든"으로 시작해도 단 1%의 예외가 없는 경우〉
>
> ⑤ 결정: 이 상황에서 어떻게 살아갈 것인지에 대한 입장 결정
>
> ⑥ 가치발견 및 가치선언서 작성: 이것이 나에게 준 것에 대한 탐구나 얻은 것을 찾아 적기

지금 같이 한번 해볼까요?

나쌤   음… 그렇다면 가벼운 사례부터 한번 해볼게요. 오늘 여기 오는 길에 전철에서 껌을 딱딱! 소리 내면서 씹고 있는 사람을 보면서 살짝 스트레스를 느꼈거든요. 저는 공공장소에서 다른 사람들에게 피해를 주는 걸 보면 화가 나더라구요. 이 상황을 헬프코칭 해보고 싶어요.

윤코치   좋아요. 그럼 순서대로 같이 한번 해보아요. 첫 번째, 스트레스 받는 상황에 대한 설명과 스트레스 지수가 10점 만점 중에 몇 점 정도 되시나요?

나쌤   ① 상황: 껌을 소리 내면서 씹는 사람을 보면 화가 나요. 스트레스 지수는 6점이요.

윤코치   기대하는 상황은 무엇이죠?

나쌤   ② 기대하는 사항: 공공장소에서 껌을 조용히 씹었으면 좋겠어요.

윤코치   지금은 스트레스 지수가 10점 만점 중에 몇 점 정도 되시나요?

나쌤   비슷하거나 5점 정도요. 방금 전보다는 기대하는 바를 이야기하고 나니 조금 나아진 것 같은 기분이에요.

윤코치   기대상황을 생각하거나 말을 꺼내는 것만으로도 스트레스가 감소되는 경향도 있죠. 이제부터는 아까 화가 나는 상황에 대한 이유를 10가지 이상 찾아보도록 할게요. 매우 중요한 단계이니만큼 집중을 해주세요. 문장의 구성은, "왜냐하면~~ 하기 때문이다."로 적어주시면 됩니다.

나쌤   ③ 이유: 왜냐하면~ 짜증 나기 때문이다. 독서에 방해되기 때문이다. 다른 사람들에게 불편함을 주기 때문이다. 예의가 없는 것이기 때문이다. 자꾸 신경이 쓰이기 때문이다.

우와…. 10개를 채우는 게 쉬운 일이 아니네요. 그리고 쓰다 보니 이 문제가 그렇게까지 스트레스받을 것인가 하는 생각도 들어서 겸연쩍네요.

윤코치   대부분 그래요. 10개를 채우는 건 매우 어려운 일이에요. 그리고 쓰다보면 스스로의 생각에 대해 다시 한번 반추하면서 객관적이지 못한 부분들을 발견하게 되거든요. 그것만으로도 스트레스가 많이 줄어들기도 해요. 지금 스트레스 지수는 몇 점 정도인가요?

나쌤   지금은 한 3점 정도에요.

윤코치   자 이제 써놓은 이유들을 보면서, 사실과 판단을 구분해보도록 할게요. 여기서 주의할 것은 모든 사람이 ok하면 사실이고, 예외가 한 개라도 있다면 판단이라는 것을 명심하세요.

나쌤   ④ 사실과 판단 구분하기: 왜냐하면~ 짜증나기 때문이다. (판단)

       왜냐하면~ 독서에 방해되기 때문이다. (판단)

       왜냐하면~ 다른 사람들에게 불편함을 주기 때문이다. (사실)

       왜냐하면~ 예의가 없는 것이기 때문이다. (사실)

       왜냐하면~자꾸 신경이 쓰이기 때문이다. (판단)

나쌤   제 생각이나 느낌들이 모든 사람이 동의할 수 있는 객관적인 것이 아니었네요. 껌을 소리 내서 씹는 일이 누군가에겐 별일이 아닐 수도 있는데 말이에요. 사실과 판단을 구분하면서 결국 같은 사건도 누가 어떻게 해석하느냐에 따라 달라지고, 스트레스의 요인이 나의 고정관념 때문일 수도 있겠다는 생각도 들어요.

윤코치   대다수의 사람들은 문제를 바라볼 때 자기중심적으로 사고를 하기 때문에, 순간 순간 알아차리려고 애쓰는 것이 필요합니다. 이제부터는 '포커싱'하는 작업이 필요해요. 써놓은 것들 중에서 핵심키워드에 동그라미를 해보시겠어요? 그리고 그것과 반대되는 단어를 한번 찾아보세요. 이때 단어는 긍정적인 것들로 찾아야 해요.

나쌤   편안함, 존중, 편리함, 예의 있는, 평화로움이라는 단어를 선택해보았어요.

       왜냐하면~ 짜증 나기 때문이다. (즐거움)

       왜냐하면~ 독서에 방해되기 때문이다. (존중)

       왜냐하면~ 다른 사람들에게 불편함을 주기 때문이다. (편리함)

       왜냐하면~ 예의가 없는 것이기 때문이다. (예의 있는)

       왜냐하면~자꾸 신경이 쓰이기 때문이다. (평화로움)

윤코치	지금 발견한 단어들이 바로 나쌤이 갖고 있는 탁월성이에요. 내게 있는 것들이기 때문에 그것에 위배되는 것을 보았을 때 스트레스를 받게 되거든요.
나쌤	아하! 그렇군요. 신기하네요.
윤코치	지금은 스트레스 지수가 어느 정도 되시나요?
나쌤	그러고 보니 지금은 그것으로 인한 스트레스가 거의 느껴지지 않아요.
윤코치	다행입니다. 이제 그 상황을 어떻게 인식하기로 결정할 것인지 긍정적인 프레임으로 정의해 볼까요?
나쌤	음... 그 사람은 그저 껌을 소리 내서 씹는 기술을 가진 사람이고, 자기도 모르게 그럴 수도 있을 것 같아요. 저 혼자 스트레스받는 건 참 쓸데없는 에너지 낭비였어요.
	⑤ 결정: 껌을 소리 내서 씹는 사람은 껌 소리를 내는 기술을 가진 사람이다.
윤코치	맞는 말씀! 스트레스받거나 불평, 불만을 해서 상황이 달라질 수 있다면야 그렇게 하라고 권하겠지만, 아시다시피 전혀 도움이 되지 않아요. 그 에너지를 아껴서 다른 곳에 쓰는 것이 현명합니다.
	자! 마지막으로 이번 헬프코칭에서 얻은 가치가 무엇인지를 찾아보는 겁니다.
나쌤	아무래도 사람에 대한 다양성, 그리고 사건에 대한 유연성을 갖게 된 것 같아요.
	⑥ 가치: 사람에 대한 다양성을 인정하고 유연성을 갖는 데 도움이 되었다.
윤코치	굿! 중간관리자로 기업 근무하시는 분이 상사에 대한 스트레스가 너무 심해서 찾아온 적이 있어요. 그분을 대상으로 했던 헬프코칭 내용입니다. 함께 보시면서 연습해보면 좋을 것 같아요.

예시>

구분	내용	스트레스 지수	사실과 판단
상황	대표의 행동과 말이 다른 것에 대해 화가 난다	8~9	
기대	대표가 내 말을 듣고 변화했으면 좋겠다	8~9	
이유	왜냐하면, • 착하지 않은데 착한 척하기 때문이다 <진실성> • 능력 없는 직원을 두둔하고 중용하기 때문이다 <공정함> • 현실과 이상을 구분하지 못하기 때문이다 <현실 파악> • 대부분의 책임을 직원에게 돌리기 때문이다 <책임감> • 본인이 듣고 싶은 말만 듣기 때문이다 <적극적 경험> • 겉치레만 신경 쓰기 때문이다 <진실성> • 사람 귀한 줄 모르기 때문이다 <존중> • 뒤끝 작렬이기 때문이다 <털털함> • 말을 빙빙 돌려 말하기 때문이다 <솔직함> • 공과 사를 구분하지 못하기 때문이다 <판단력>	6~7	판단 판단 판단 판단 판단 판단 판단 판단 판단 판단
결정	그럼에도 불구하고, 개선될 수 있을 것이라는 희망 나는 직원들을 보호하고 중재자의 역할을 하고 대표에게는 필요한 사람이다	4	

가치 선언문

나는 **정직함, 공정함**을 추구하며
현실 파악 능력과 **포용**,
털털함의 탁월함을 가진 사람이다.
타인의 행동과 말이 다름에도 불구하고,
개선될 수 있다는 희망을 가지고 있다.

나는 중간관리자로서 직원들에게는
완충, 중재, 보호의 역할을 하고 있으며
대표에게도 필요한 사람이다.

스스로해보기

헬프코칭

※ 여러분도 작성해보세요.

구분	내용	스트레스 지수	사실과 판단
스트레스 상황			
기대사항			
이유	왜냐하면, ① _____ ② _____ ③ _____ ④ _____ ⑤ _____ ⑥ _____ ⑦ _____ ⑧ _____ ⑨ _____ ⑩ _____		
결정			

가치 선언문

_____

_____

_____

_____

_____

_____

_____

_____

126

CHAPTER

Happy every day

PART 04

성장노트
작성하기

- 내 삶 곳곳에 적용하기! -

01 매력적인 성공자들은 무엇이 다른가?

가장 빠른 성공 비결은 최고들의 공통점에서 찾을 수 있다
매력적인 최고들은 일곱 가지 비결을 갖고 있다

'자네는 참 경청 자세가 좋아! 내가 가만 지켜봤는데 다른 사람들의 이야기를 참 잘 듣더라고. 그거 아주 훌륭한 자세야.'

온세상 부장님과 최믿음 부장님을 모시고 점심식사를 하고 돌아오는 길. 식사보다 더 배부른 칭찬 몇 마디에 발걸음은 가볍고 마음은 뿌듯함이 한 가득이다. 코칭을 배우고 나서 달라진 점을 크게 두 가지만 꼽는다면, 첫 번째는 사람들의 이야기를 듣는 것이 즐거워졌다. 정현종 시인의 방문객 시구절처럼 한 사람이 온다는 것은 어마어마한 일이다. 그의 과거와 현재, 미래가 함께 오는 것이다. 그저 대화를 나눌 때 끝까지 잘 듣겠다는 작정을 하고 시작했던 것이 상대방의 인생을 통해 얻고 배우는 기회를 자주 경험하면서 이제는 경청이 습관처럼 당연해졌다. 사람을 대하는 태도가 달라진 것이다. 두 번째는 코칭을 시작한 이후부터 서서히 주변에 좋은 사람들이 늘어나고 있다. 기존의 인연도 그렇고 새롭게 만나는 사람들과의 관계도 더 좋은 방향으로 발전되고 있음이 느껴질 정도이다. 아마도 밝아진 나의 에너지 때문에 사람들이 곁에 머물러주는 것이 아닐까. 이 모든 것이 참으로 감사하고 또 감사하다.

윤코치 　오늘따라 안색이 더 밝아 보이네요. 무슨 좋은 일 있나요?

나쌤 　어머! 제 얼굴에 티가 나나요? 요즘 하고 있는 일들이 잘 풀리고 있어서 기분이 좋기는 해요. 가정도 평안하고, 회사와 학교에서 추진하는 일도 잘 되어가고 있거든요.

윤코치 　반가운 일이네요. 한눈에 봐도 긍정 에너지가 전해져요.

나쌤 　코칭을 시작한 이후부터 사람들과의 관계나 일이 순조롭게 풀려가는 것 같아요. 무엇보다 주변에 좋은 사람들이 많아지는 것이 감사하고 신기할 따름이에요. 이 모든 게 코칭의 힘 같아요. 감사드려요.

윤코치 　감사하긴요. 그거 아세요? 지금의 모습은 원래부터 자신의 것이었어요. 사람들마다 좋은 자원들을 많이 갖고 있지만 잘 모르고 살죠. 코칭을 진행하는 저도 나쌤이 그 자원들을 잘 찾아내고 있는 것 같아 뿌듯하고, 제가 더 감사합니다. 그리고 주변에 좋은 사람들이 많아진다는 건 매우 좋은 징조에요. 나쌤의 매력이 커지고 있다는 것이니까요.

　나쌤은 지금 '매력적인 성공자'가 되는 중입니다.

매력적인 성공자는
'자신의 매력을 정확하게 알고, 존재가치에 대한 확실한 지지체계가 있으며,
S모델(신-언-서-판-지-덕-체)의 균형적 발전을 이룬 사람이다'

나쌤 　매력과 성공이 합쳐지니까, 딱 봐도 엄청 좋은 뜻인 것 같아요. '매력적인 성공자'는 자기 분야에서 최고이거나 남들이 부러워할 만한 업적을 가진 사람들일 것 같은데 저는 아직...

윤코치 　꼭 그런 것만은 아니에요. 제가 겪었던 이야기를 먼저 들려드릴게요.

　저는 예전부터 사회적으로 성공하거나 선한 영향력을 전파해서 존경받는 사람들에게 관심이 많았어요. TV나 신문, 잡지 등 다양한 매체에서 그런 사람들이 나올 때마다 반복해서 시청하고 메모하면서 따라 하려고 했을 정도니까요. 코치라는 직업 덕분에 그런 분들을 직접 만날 수 있는 행운을 자주 누리기도 했지요. 그렇게 축적된 그들의 정보와 대화 경험을 통해서 공통적인 특징들을 발견했어요.

나쌤   스티븐 코비가 쓴 「성공하는 사람들의 일곱 가지 습관」이라는 책이 떠올라요. 성공한 사람들을 인터뷰하고 연구해서 발견한 공통점들을 정리한 책인데 그와 비슷한 상황인 것 같아서요. 코치님이 발견하신 건 어떤 내용인지 무척 궁금한걸요.

윤코치   그 책의 내용이나 우리가 지금까지 진행한 코칭의 내용들이 다 포함되어 있어요. 생각보다 아주 쉽고 심플한 공동점들이 나타나서 저 스스로도 놀랐습니다. 그게 바로 '매력적인 최고들의 일곱 가지 비결'이에요.

나쌤   아까 제게 매력적인 성공자가 되어가고 있다고 말씀하셨는데, 그럼 저에게도 그런 면이 있다는 거네요. 우와~~ 더 궁금해요!

윤코치   이제부터 '매력적인 최고들의 일곱 가지 비결'을 소개해 드릴게요. 비결 앞에 나오는 숫자를 잘 기억해 두세요.

매력적인 최고들의 일곱 가지 비결 첫 번째!
숫자 '1' - 1명 이상의 멘토가 있으며, 배우려는 태도를 갖고 있다.

윤코치   첫 번째는 숫자 '1'입니다. 그들은 반드시 한 명 이상의 멘토가 존재하고, 항상 누구에게나 배우려는 태도를 갖고 있다는 것입니다.

공자의 논어(論語) 술이편(述而篇)에도 나와 있죠.

"三人行必有我師焉(삼인행 필유아사언)

세 사람이 길을 같이 걸어가면 그중에 반드시 내 스승이 있고

擇其善者而從之 其不善者而改之(택기선자이종지 기불선자이개지)

좋은 것은 본받고 나쁜 것은 살펴 스스로 고쳐야 한다.

나쌤 멘토가 한명 이상 존재하는 것 중요한 것 같아요. 제게는 일단 코치님이 계시네요!

윤코치 하하하. 네. 나쌤에겐 제가 코치이자 멘토인 셈이죠.

누구든지 나를 성장할 수 있게 도움을 주는 사람은 멘토가 될 수 있어요. 친구 중에도 어떤 분야에서 최고의 과정과 결과를 만들어 낸다면, 그 방면에서의 멘토가 될 수 있고요. 객관적이며 합리적으로 개발할 점을 알려주고 함께 고민할 수 있는 사람이 단 한 명이라도 있다면, 그 어떤 조건보다 매력적인 성공자가 될 수 있는 시작점이 될 거예요.

> ## 매력적인 최고들의 일곱 가지 비결 두 번째!
> ## 숫자 '3' – 핵심(매력 → 가치 → 실행)을 안다.

윤코치 두 번째 숫자는 3입니다. 세 가지의 키워드(매력, 가치, 실행)를 분명하게 인식하고, 실천한다는 것이죠. 더불어 그 순서와 질문이 핵심이에요.

1) 매력 (최종적으로 자신이 누구인지 정확하게 아는 것)
2) 가치 (나의 매력(역량)이 의미 있는 가치를 만들어 낼 것이라 신뢰하는 것)
3) 실행 (끊임없이 자신의 꿈을 향해 모든 에너지에 집중하는 것)

이 세 가지는 순서대로 적용해요. 각각의 핵심질문을 살펴보면, 나의 매력과 가치 그리고 무엇을 해야 할지 알 수 있게 되죠.

1) 최종적으로 나는 어떤 사람인가?
2) 나의 매력은 어떤 의미 있는 가치를 남길 수 있는가?
3) 그럼 나는 지금 무엇을 해야 하는가?

끊임없이 내가 가진 매력을 찾아내고, 그것으로 이루어낼 수 있는 가치를 발견하며, 실행해 나가는 것이에요. 제가 만난 매력적인 성공자들은 그 자신이 매력적인 존재라는 믿음에 흔들림이 없었어요. 그 무엇보다 세 가지 핵심원리를 잘 알고 실천하고 있다는 것이 경이로웠습니다.

나쌤 쏙쏙 머릿속에 잘 들어와요. 순서와 질문대로 적용해 보면, 내 자신을 금방 점검할 수 있을 것 같아요.

윤코치 바로 보셨어요. 첫째, 나는 정말 매력적인 존재다. 둘째, 그래서 나는 그 매력에 맞는 가치를 남긴다. 셋째, 그것을 위해 끊임없이 실행한다. 이게 핵심이에요.

매력적인 최고들의 일곱 가지 비결 세 번째!
숫자 '5' – 최고와 함께하며 성공 리더십 시스템
다섯 가지(① 꿈 → ② 목표 → ③ 믿음 → ④ 실행 → ⑤ 리드)를 유지한다.

윤코치 세 번째 숫자는 '5'입니다. 최고와 함께하며 성공 리더십 시스템인 꿈, 목표, 믿음, 실행, 리드의 다섯 가지를 유지하는 것입니다.

나쌤 최고와 함께한다는 것에 대해 조금 더 구체적으로 설명해주시겠어요?

윤코치 그들도 훌륭하지만, 자신보다 탁월한 역량을 가진 최고들과 함께하려고 많은 노력을 한다는 것이에요. 최고는 더 강한 사람을 만날 때, 더 발전할 수 있으니까요. 그들 주변에는 진취적이고 긍정적인 사람, 자신의 성장과 발전에 도움이 되는 사람들이 많답니다. 서로가 서로의 매력에 이끌리는 것이겠죠.

나쌤 제 스스로 먼저 매력 있는 사람이 되어야 하는 게 선행되어야겠네요. 어떤 분들은 만나고 돌아오면 힘도 생기고, 제 삶을 다시 돌아보게 되는 경우가 있어요. 그 분들이 제게 어떤 충고나 조언을 한 것도 아닌데, 그저 함께 나눈 대화에서도 고무되는 감정을 느끼게 되더라고요. 그들은 하나같이 자기 분야에서 특별한 분들이었고, 말과 행동, 그리고 사고가 확연하게 달랐어요.

윤코치   저도 직접 관찰하며 연구해본 사례가 있어요. 가까운 동네에서 운동하는 사람들과 서울대학교에 있는 체육관 시설에서 운동에 임하는 학생들을 살펴봤어요. 제가 동네 운동시설에서 운동할 때는 평균 2시간 정도였는데, 서울대 운동시설에서는 평균 6시간 넘게 운동을 할 수 있었어요. 스스로 너무 놀라웠습니다. 그 이유가 무엇인지 아세요?

나쌤   글쎄요. 같이 운동하는 사람들이 열심히 해서일까요.

윤코치   빙고! 학생들을 관찰했는데 정말 운동에 임하는 태도와 자세가 달랐어요. 그 무엇보다 몰입력이 최고였어요. 그 학생들이 최선을 다하는 모습을 보면서, 평소보다 3배 이상 더 열심히 운동하고 있는 나를 발견하게 됐던 것은 정말 신기한 경험이었습니다. 그때 알게 되었죠. 나의 성장을 위해선 최고들과 함께해야 한다는 것을요.

나쌤   도서관 갔을 때 공부가 더 잘되는 것과 같은 이치인가 봐요. 남들 다 열심히 하니까 나도 왠지 더 잘해야 할 것 같은...

윤코치   하하하. 그러네요. 가까이에 최고가 있어도 지나치는 경우가 많지만 '매력적인 성공자'들은 자발적으로 최고들을 찾아내는 것을 계속하고 있어요. 최고는 최고를 보는 순간 금방 알 수가 있고, 그 시너지가 성장그룹을 만들어 탁월한 리더가 될 수 있게 되는 것이죠.

나쌤   최고들과 함께하고 있다면 더 자극되어 자동으로 성장이 될 것이라는 생각이 들어요. 어딜 가면 찾을 수 있을까요?

윤코치   우리 주변에서 쉽게 찾을 수 있어요. 지인이나 친구, 동료들 중에서도 특정 분야의 최고가 있을 겁니다. 그런 대상을 발굴해서 지금까지 친분 관계에서만 머물러 있었다면 배움의 대상으로 섬겨보는 것을 권해드려요. 또 다른 방법으로는 서점에 한번 가보세요. 베스트셀러 코너를 보면 각 분야별 최고들의 이야기로 가득하죠. 온라인 커뮤니티에서는 회원 수, 랭킹, 인기도로 확인할 수 있어요. 유명 유튜버 채널처럼 사람들이 몰리는 곳에 최고가 있습니다. 진짜 고수는 별도의 홍보가 필요 없잖아요. 그래서 우리가 어렵게 정보탐색해서 맛집을 찾아가듯이 발품, 손품 다 팔아서라도 계속 찾아야 해요.

그들은 성공 리더십 시스템인 다섯 가지(꿈, 목표, 믿음, 실행, 리드)를 잘 활용합니다. 이 시스템은 꿈 설정부터 순차적으로 실행된다는 특징이 있어요. 그 후에 꿈에 맞는 구체적인 목표를 정합니다. 그다음 자신에 대한 믿음은 물론 상대방을 신뢰하며, 팀의 믿음으로 발전시킵니다. 팀의 믿음을 바탕으로 먼저 솔선수범하며 팀을 리드해 나갑니다.

매력적인 최고들의 일곱 가지 비결 네 번째!
숫자 '7' - 지속 성장과 발전을 위한
'S-모델' (신-언-서-판-지-덕-체)을 갖춘다.

윤코치　네 번째 숫자는 '7'이에요. 일곱 가지 S-모델(신언서판지덕체)을 갖춰야 합니다. 이것은 지속적인 성장과 발전을 위한 자신의 점검표라고 보시면 돼요. 매력적인 성공자가 되려면 자신의 개발할 점을 긍정자원으로 리프레이밍 할 수 있어야 해요. 그 과정에서 자신을 점검하는 도구로 일곱 가지 항목을 사용하는데, 그 내용이 '신-언-서-판-지-덕-체'입니다. 강점과 개발할 역량을 점검한 후에 그에 맞는 자신만의 체계를 만들어가는 것이죠.

나쌤　이미 많은 성공을 하고 있으면서도 개발할 점을 찾고, 점검하고 있었네요. 온전한 긍정의 영향력은 끊임없는 노력의 결과였군요. 그 과정을 알고 싶어요.

윤코치　이와 관련된 내용은 조금 더 구체적으로 다뤄야 할 필요가 있어서, 다음 파트에서 자세히 알려드리도록 할게요.

> **매력적인 최고들의 일곱 가지 비결 다섯 번째!**
> **숫자 '1000' – 가슴 뛰는 일을 하고 있으며, 자신의 일에 대한 만족도가 1000%다.**

윤코치 　다섯 번째 숫자는 '1000'입니다. 그들은 자신이 하는 일에 대한 만족도가 남달라요. 100%를 넘어 1000% 만족해 합니다. 제가 코칭이나 강의에서 만나온 사람들 중에 자신이 하는 일에 100% 만족하는 분들은 아주 소수였어요. 그분들이 생기 있고 밝은 표정으로 자신의 일에 대해 이야기하는 모습은 무척 신나 보였습니다. 자 그러면 우리는 어떨까요? 나쌤은 현재 하는 일에 얼마나 만족하시나요?

나쌤 　저요? 흠···. 저는 80% 정도는 되는 거 같아요. 제가 하고 있는 일이 저의 가치를 발전시키고 있다고 생각하거든요. 회사로부터 좋은 경험을 할 수 있는 기회를 제공받았고, 또 그를 통해 많은 성장을 했어요. 참 감사한 일이죠.

윤코치 　좋은 만족도네요. 현장사례를 보면 50% 이상 만족하는 분들이 생각보다 많지가 않죠. 그 이유는 어디에 있을까요?

　그것은 바로 자신이 어떤 일을 좋아하는지, 내가 정말 만족하는 일을 하는지에 대한 확신이 없어서입니다. 매력적인 성공자는 자신의 일에 대한 사랑이 정말 엄청납니다. 자신이 하는 일에 대한 확신이 있고 누구보다 일을 즐기고 있다는 공통점이 있어요. 이들이 자신의 일에 만족하는 절대 이유는, 뚜렷한 일의 목적과 가치를 알고 있기 때문이죠.

나쌤 　그러네요. 제가 좋아했던 것들, 진정 가슴 뛰게 원했던 일들은 만족도를 따질 수 없을 거 같아요. 거기에 정답이 있었네요. 내가 좋아하고 잘 할 수 있는 것, 그것이 삶의 목적과 가치에 맞는다면 더할 나위 없이 좋겠어요. 정말 매력적인 성공자들은 뭔가 달라도 많이 다르네요. 그런데 조금만 돌려 생각해보면, 어렵지 않게 할 수 있을 거 같아서 그 점이 새로워요.

윤코치 　바로 그거에요. 나에게서 찾고, 가까운 곳에서 발견하고, 먼저 해보고, 그다음 좋은 것을 나눠요. 우리가 지금껏 나눠온 이야기들은 계속 연결되고 있는 거 아시지요? 내가 좋아하는 일을 찾으려면 내가 누구며, 어떤 존재인지 알아야 해요. 하려는 일에 가치를 담고, 끊임없이 실행하면 어느덧 매력적인 성공자가 되어 있을 거예요. 코칭은 심플하면서 즐겁고 그 안에 깊은 가치가 있어요. 잘 생각나지 않거나 아직 가슴 뛰는 일을 찾는 데 어려움이 있다면, 첫 장부터 차근차근 다시 읽고 본인의 삶에 적용해 보시는 걸 추천 드려요.

나쌤 네~ 제가 진짜 원하는 가슴 뛰는 일과 언제나 만족도를 1000%라고 자신 있게 말할 수 있도록 노력해볼게요.

매력적인 최고들의 일곱 가지 비결 여섯 번째!
숫자 '21' – 성공하는 습관 만들기 (진짜로 하고 싶은 것을 21일간 지속하는 것)

윤코치 여섯 번째 숫자는 '21'입니다. 21일 동안 반복하면서 성공습관을 만드는 것이죠. 한 가지 습관을 만드는 데 걸리는 시간은 최소 21일 정도가 소요됩니다. 그 기간 동안 지속적인 실행을 하면 좋은 성장을 기대할 수 있죠.

성공습관 만들기는 2~12명으로 구성하면 좋아요. 예를 들어, 팀이나 그룹으로 나누어 지식 공유(ex. 독서토론, 학습, 성공경험 등)와 도전내용에 대한 피드백, 마니또(1:1로 정해서 서로 선한 영향력 교류하기) 게임, 팀별 미션 수행하기 등의 세부프로그램을 인원편성에 맞게 진행할 수 있어요. 오프라인뿐만 아니라 요즘은 다양한 온라인 플랫폼들을 활용하기도 하죠.

이런 방식으로 그룹을 형성하여 매일, 매주, 격주, 월 간격 등으로 기간을 정하고, 규칙적으로 참여하면 훌륭한 '성공습관 만들기'를 할 수 있습니다. 혼자서 시도해 보기 어려운 것들을 집단의 힘으로 함께 성장할 수 있게 하는 시스템인 것이죠. 이러한 성공습관을 만들어 내는 시스템이 있는 것과 없는 것의 차이는 매우 크게 나타납니다.

나쌤 혼자면 어려운 것을 함께 지지해 주는 그룹과 팀이 있으면 든든하겠어요. 저도 다이어트와 영어공부 꼭 해내고 싶은데 이번에 도전해봐야겠어요.

윤코치 좋아요. 함께 멋진 성공습관 만들어 보아요.

매력적인 최고들의 일곱 가지 비결 일곱 번째!
숫자 '12' – 구체적이며 뚜렷한 목표가 적힌 연간 A/P(액션플랜-실행계획)이 있다.

윤코치 마지막 일곱 번째 숫자는 '12'입니다. 연간(12개월) A/P(액션플랜)이 있습니다. 구체적인 연간 액션플랜을 갖고 있으며, 계획대로 스스로의 약속을 지켜나가는 것이죠. 실행력을 높이기 위해서는 전체적인 상황을 객관적으로 점검, 조화롭게 유지할 수 있어야 해요. 매력적인 성공자들은 그들의 계획이 담긴 로드맵을 아주 가까운 곳에 두고서 자주 봅니다. 어디쯤인지 어떻게 되어가고 있는지를 실시간으로 점검해가며, 필요한 자원을 원하는 목표와 꿈을 위해 집중해요. 구체적인 연간 액션플랜이 있느냐, 없느냐에 따라서 삶의 질이 달라집니다. 우리 연간 액션플랜을 만들어 볼까요? 우선 제 사례를 참고하시면 작성하는 데 도움이 될 거에요. 연간 액션플랜은 비즈니스, 라이프 등 개인의 상황에 맞게 작성해서 활용할 수 있습니다.

연간 액션플랜은 정성과 관심을 기울이는 것에 따라 작성 난이도가 달라져요. 제가 프랜차이즈 교육센터장으로 재직 시 만든 것은 1년간 데이터를 기반으로 하나하나 집중해서 만든 것이라 다소 어렵게 느껴질 수 있지요. 그리고 현실적인 상황을 반영하기 위해 양식을 변형해서 사용하기도 했습니다. 제시해주는 양식을 참조해서 자신의 상황에 맞게 작성해 보시면 누구나 쉽게 연간 액션플랜을 만들 수 있습니다.

나쌤 아하! 마지막에 구체적 실행계획과 실제로 적용하는 것까지 해결되니 어수선했던 조각이 잘 맞춰진 느낌이에요. 최고의 자리에 있는 사람들은 그럴만한 충분한 이유가 있었네요. 알려주신 일곱 가지 중에서 제가 잘 할 수 있는 것부터 챙겨볼게요.

• 윤코치의 프랜차이즈 교육센터장 때 사용했던 연간 액션플랜 사례 •

함께해보기

연간 액션플랜 양식

자신의 상황에 맞게 작성해 보시기 바랍니다.

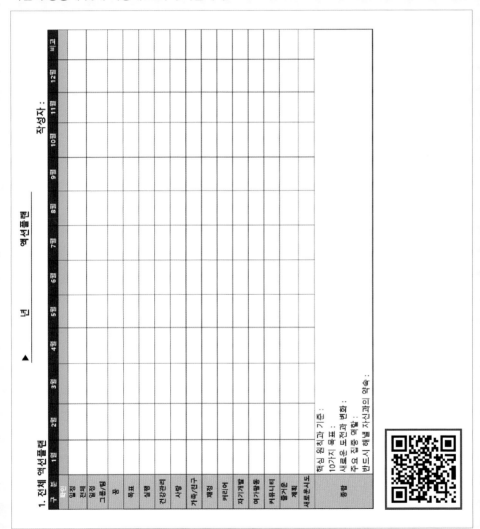

나의 S-모델(신-언-서-판-자-덕-체) 채우기

성장할 수 있는 구체적인 목표를 정하고 실행하자

미래를 즐거운 기대로 채우자

나쌤　지난주 코칭 후, 매력적인 최고가 되고 싶다는 생각을 많이 했어요. 그들은 어떻게 자기관리를 하고 있나요?

윤코치　지난주 숫자 7을 제시하면서 자신의 점검표라고 소개했던 것 기억하시지요? 자신을 점검하는 도구로 활용될 수 있는 S모델(신-언-서-판-지-덕-체)에 대해 자세히 설명해드릴게요.

이 모델은 좋은 인재를 선택하는 기준으로 오래전부터 지금까지 사용되고 있는 '신-언-서-판'과 '지-덕-체'가 융합된 것입니다.

나쌤　신언서판과 지덕체 많이 들어봤어요. 특히, 신언서판은 중국 당나라 때 인재를 등용할 때 기준으로 삼았던 것이고, 지금까지도 기업에서 인재채용 할 때도 아마 적용될 거에요. 예전 공중파 방송에서 다루었던 아나운서 채용 프로그램도 신언서판 기준을 적용해서 선발하는 것을 봤어요. 그 기준이 매력적인 성공자에게도 똑같이 적용될 수 있다는 거군요.

윤코치　시대와 환경을 떠나 훌륭한 사람들에게서 공통적으로 나타나는 네 가지 신(좋은 이미지), 언(공감과 긍정의 말), 서(표현)와 판(유연한 판단력)은 동서고금을 막론하고 사람을 평가하는 기준으로 적용되어 왔어요. 여기에 지(지혜)와 덕(사랑), 체(용기 있는 행동)를 융합하면 아주 훌륭한 자기관리 점검표가 됩니다.

S모델의 장점은 단시간에 자신의 개발할 요소를 파악할 수 있게 하죠. 예를 들어 신-언-서-판의 요소 중에 자신이 가장 장점으로 활용할 수 있는 점을 찾게 되면서, 동시에 개발할 요소를 함께 알 수 있게 되는 원리입니다. 사람마다 각각의 좋은 점과 개발할 점들이 있는데, 이것을 한장의 점검표처럼 작성하고 관리하는 사람은 실제로 많지 않아요. 앞서 '매력적인 최고의 비결 일곱 가지'에서 살펴봤듯이, 매력적인 성공자는 끊임없이 자신을 관리한다는 공통점이 있어요. 우리에게는 자신을 점검하고 새롭게 개발하기 위한 도구가 필요합니다.

나쌤 누구나 쉽게 이해할 수 있는 공통기준을 찾으셨네요. 방법을 알려주시겠어요?

윤코치 이해하기 쉽도록 S모델의 사전점검표와 S모델 실전 작성법 예시를 본 후에 설명해 드릴게요. 제가 프로스포츠 멘탈코칭에서 KLPGA 1부 투어 선수에게 활용했던 건데요. 첫 번째는 사전 점검표에요. 이것은 S모델을 작성하기 위한 기초 작업입니다.

● S모델 작성을 위한 사전 Check List ●

<프로스포츠 KLPGA 1부 투어 프로 골프선수 멘탈코칭 사례>

구분	신 좋은 이미지	언 말하기	서 표현	판 유연한 사고	지 지혜	덕 사랑	체 용기 있는 행동
강점	-	-	인사를 잘함	-	-	사랑이 많음	-
개발할 점	평범한 스타일	말하는 게 힘듦	-	시합 중 멘탈 흔들림	전략 수립 어려움	-	소심한 성격
멘토	박세리 선수	아버지	유재석	소렌스탐 선수	윤코치	박세리 선수	소렌스탐 선수
선정이유	배려, 사랑 선수들에게 호감도 높음	언제나 따뜻한 말을 하심	말을 잘함	강철 멘탈	지혜롭고 전략적임	후배를 잘 챙김	자신감과 당당함 최고
개발 목표	파워 포즈 만들기	좋은 말 하기	적극적 표현하기	시합 중 평정심 유지	시나리오 전략 수립	사회적 기부 참여	자신감

윤코치 두 번째 S모델 세부항목 점검표는 실전에서 구체적으로 적용하기 위해서 쓰는 도구에요. 성과와 목표달성을 위한 자기분석, 새로운 전략 구상이나 점검 등 다양한 상황에서 적용할 수 있어요. 각 항목별로 표를 완성한 후, 가까운 곳에 두고 자주 볼수록 코칭효과가 높아집니다.

• S모델 세부항목 작성표 •

<프로스포츠 KLPGA 1부 투어 프로 골프선수 멘탈코칭 사례>

신	좋은 이미지	우승 세리머니 / 우승 때 입을 패션 / 웃음 가득 밝은 인사
언	말하기	굿 샷~~, 나이스 샷~~, 00프로 최고~
서	표현	좋은 것을 나누겠습니다. 함께 해주셔서 진심으로 감사합니다.
판	유연한 사고	맘껏 즐기겠다. 어려운 상황은 새로운 기회로 만들겠다.
지	지혜	시나리오 5가지 만들기 - 매우 만족, 만족, 보통, 불만족, 매우 불만족 - 각 시나리오별로 이미지화 및 롤플레잉, 각 홀(전체 18홀)마다 대처법 그림. 불만족과 매우 불만족 시에 NLP코칭스킬과 멘탈코칭 기법으로 현장 대안 연습 진행, 잠재역량에 무한한 가능성과 자신감 활용 가능하게 해줌.
덕	사랑	1. 자기 자신에게 줄 선물을 정해서 코치와 나누며 스스로를 사랑할 수 있는 방법을 적용함. 2. 사랑하는 사람들에게 줄 것을 적고 나눌 수 있는 기쁨을 잠재의식 속에 저장, 자신이 골프를 하는 이유를 알 수 있게 해줌. 3. 도울 사람을 정하고 자선 통장을 만들어서 기부할 수 있게 함.
체	용기 있는 행동	1. 우승을 위한 단계별 목표 세움. 예) 50위권, 40위권... 2. 연습시간 4일 남음 - 기승전결(흐름과 방향을 설정해 주는 것) - 첫째 날: 드라이브 3, 아이언 1, 숏게임 1 - 둘째 날: 드라이브 1, 아이언 3, 숏게임 1 - 셋째 날: 드라이브 1, 아이언 1, 숏게임 3 - 넷째 날: 이미지 트레이닝(눈을 감고 좋아하는 선, 파란색 선으로 퍼팅이 가도록 함) NLP코칭기술활용: 공이 굴러갈 수 있는 파란선 길 대폭 확장 / 홀 컵 확대

나쌤 표로 만들어져 있으니 골프 선수가 어느 영역을 더 개발해야 하는지 한눈에 볼
수 있네요. 해당 선수는 그날 좋은 결과를 냈나요?

윤코치 당연하죠! S모델에서 제시하는 일곱 가지 요소에 맞춰서 자신의 구체적 목표와
전략을 수립하고, 덕분에 훌륭한 결과를 만들어 냈습니다.
구체적인 작성 방법을 알려드릴게요.

사전 Check List 기재 방법

1) S모델 일곱 가지(신-언-서-판-지-덕-체) 요소별 자신의 강점을 채운다.

2) 자신이 개발하고 싶은 요소를 찾아서 기재한다.

3) 일곱 가지 부문에서 멘토로 삼고 싶은 롤모델을 선정한다. (멘토 선정은 존경하
고 닮고 싶은 사람 중에 선정하고, 멘토의 강점을 개발목표로 설정할 수 있음)

4) 3에서 선택한 멘토의 선정이유를 기록하고 자신의 개발할 목표를 설정한다.

5) S모델 작성하기 양식을 참조해서 각 요소별로 작성해 나간다.

세부항목 작성표 기재 방법

1) 신(좋은 이미지): 누군가에게 보이는 첫 이미지를 설정합니다. 자신에게 잘 어울
리는 옷을 입고 밝은 표정을 지으며, 어떤 포즈로 만날까를 예상해서 완성해 갑
니다.

2) 언(말하기): 자신이 듣고 싶거나 좋아하는 말과 받고 싶은 칭찬 내용을 작성합니다.

3) 서(표현): 평소에 자신의 가치관이나 감정을 표현하는 것으로서 미리 화법을 정
리해 둡니다. 이는 실제 상황에서 유용하게 활용됩니다.

4) 판(유연한 사고): 어려운 상황을 이겨내는 데 도움이 되는 사고 방법을 기록합니
다. 모든 사고는 긍정적 표현과 리프레이밍을 활용합니다.

5) 지(지혜): 5가지 시나리오 전략(매우 만족, 만족, 보통, 불만족, 매우 불만족의 상황)을 활용하여 상황별 매트릭스를 완성합니다.

6) 덕(사랑): 제일 먼저 자신을 사랑하는 방법을 기재합니다. 그다음 타인을 사랑하는 방법과 구체적인 실천전략을 기재하고 마무리합니다.

7) 체(용기 있는 행동): 구체적인 기한과 목표를 숫자로 표현하며, 세부 목표를 작성합니다.

윤코치   프로스포츠 선수는 멘탈코칭의 목적으로 이 두 가지 양식을 모두 활용했어요. 각자의 상황에 맞춰서 사용하시면 됩니다.

나쌤   네, 저도 알려주신 두 가지 모두 작성해 볼게요.

● 나쌤의 사전 Check List ●

구분	신 좋은 이미지	언 말하기	서 표현	판 유연한 사고	지 지혜	덕 사랑	체 용기 있는 행동
강점	단정한 외모	발음, 목소리	글쓰기	-	기획력, 아이디어	-	도전정신
개발할 점	다이어트	따뜻하게 말하기	사랑 표현	스트레스에 약함	포용력	사랑을 표현하기	체력
멘토	이하닉	언니 윤00	책	남편	코치님	동기 윤00	-
선정이유	팔방미인, 비즈니스 우먼	따뜻한 말투를 닮고 싶음	다독이 도움이 많이 됨	사고가 유연함	창의력 포용력	아낌없이 주는 나무 같음	-
개발 목표	우아한 이미지	따뜻하게 말하기	글쓰기 훈련	둔해지기 수용하기	책, 강연 등 지속적인 자기 계발	함께하는 사람들을 소중하게 대하기	자신감

● 나쌤의 세부항목 작성표 ●

신	원하는 첫 이미지는 무엇인가?	단정하고 깔끔함. 전문가다운 이미지
언	자신이 듣고 싶은 말은 무엇인가?	참 성실하십니다. 자기관리를 잘하시는군요. 열심히 하시는 모습이 귀감이 됩니다. 본받고 싶어요.
서	어떤 표현을 자주 하고 싶은가?	신경 써주셔서 감사합니다. 베풀어주신 마음 오래 기억할게요. 항상 행복하세요. 모든 사람은 성공할 수 있는 자원을 갖고 있어요.
판	고난을 극복하는 한마디는 무엇인가? (긍정표현, 리프레이밍)	모든 고통은 교훈을 주고 성장시킨다. 무엇을 배울 것인가? 나는 점점 앞으로 나아가고 있다.
지	상황별 이미지는 무엇이고, 어떻게 대처할 것인가?	- 매우 만족: 성과나 목표달성 등 성취하는 상태(기쁨 만끽, 감사) - 만족: 일상이 평안한 상태(감사함, 주변에 베풀기) - 보통: 존재감이 적고 삶이 무료한 상태(새로운 일 찾아보기) - 불만족: 우울한 상태(센터링 적용, 스트레스 해소, 숙면, 영양제) - 매우불만족: 감정적 갈등이 있는 상태(침묵, 인내, 자기격려)
덕	나와 타인을 사랑하는 방법은 무엇인가?	- 나: 내적으로 성장할 기회 갖기, 맛있고 건강에 좋은 음식만 먹기, 한 달에 하루는 푹 쉬어주기, 드라마나 만화책 몰아 보기, 쇼핑하기 등 - 타인: 가족들과 자주 대화, 칭찬하고 선물하기, 평소 고마웠던 분들에게 가끔씩 선물 이벤트하기(카카오톡 선물하기 또는 직접 전달)
체	어떻게 실천할 것인가?	- 가족회의 재개하기(한달 한번, 마지막주 일요일) - 일주일에 2회 이상 함께 식사하기(외식) - 고마운 분들 생일 챙기기, 그 외 1년에 한번 이상 선물이벤트 하기

| 나쌤 | 직접 작성하고 보니 제게 부족한 부분이 어떤 것인지 확연하게 드러나네요. 멘토가 존재하지 않는 영역과 강점을 기재하지 못하는 영역에 대해서 더 개선해야겠어요.

그리고, 두 번째 세부내용을 작성할 때는 제가 추구해야 할 목표와 준비사항들이 싹 정리됐어요. 인생을 한 발짝 더 나아가는 데 큰 도움이 되었습니다. |
|---|---|
| 윤코치 | 제가 만난 성공자들은 끊임없이 자신의 성장과 발전에 많은 에너지를 집중하면서 배우려고 해요. 누가 봐도 이루기 힘든 큰 성공을 했음에도 불구하고, 그분들은 자신의 개발할 점을 잘 파악하고 개선하려고 해요. 최고의 자리에 있으면서도 전문가의 의견을 겸손하게 수용하죠. |
| 나쌤 | S-모델은 매력적인 성공자가 되기 위해서 꼭 필요한 필수도구인 거네요. 코칭의 핵심은 내가 누구인지 아는 것이 매우 중요하다고 했는데, 매력카드와 내 안에 매력 찾기, S-모델을 활용해서 나에게로 가는 길을 더 쉽게 찾을 수 있겠어요. |
| 윤코치 | 맞아요. 우리가 함께 나누고 있는 코칭은 내가 누구인지 아는 것에서부터 시작합니다. 혹시 지금까지 코칭과정에서 다루었던 매력카드, 내 안에 매력 찾기, S-모델에서 나쌤이 고른 단어들이 공통점을 가진 것을 발견하셨을까요? |
| 나쌤 | 어머! 그러고 보니 제가 찾은 단어들이 서로 비슷하거나 반복되고 있네요. 신기해요. 코치님이 이렇게 물어보시는 걸 보니 우연이 아닌가 봐요. |
| 윤코치 | 무의식은 자신이 좋아하는 것을 표현해요. 자주 반복되고 끌리는 단어를 '핵심 키워드'라고 합니다. 나의 가슴을 뛰게 하는 한 개의 단어가 때로는 사람의 운명을 바꾸기도 하죠. 이처럼 나의 무의식이 좋아하는 '핵심 키워드'와 'S-모델코칭'을 융합해서 사용하면 자신의 꿈과 목표의 방향을 결정하는 데 도움이 됩니다. 제 경우는 창의성, 유연성, 도전정신, 나눔과 남몰래 돕는 일, 교육자 등이 핵심 키워드인데, 이 단어들은 제 꿈과 지금 하는 일에 지속적으로 연결되고 있어요. |
| 나쌤 | 아하. 지금까지 실습해 보면서 저도 모르게 반복적으로 끌리는 단어가 핵심키워드였군요! 잠재의식의 세계는 정말 신기해요. |

어떻게 활용하는지 구체적으로 알려주시면 좋을 것 같아요. 예를 들어, 제 삶의 멘토는 몇 명이 있어야 좋을지, 어떤 기준을 갖고 멘토를 선정해야 하는지를 결정할 때도 활용 할 수 있을까요?

윤코치 　제 사례를 알려 드릴게요. 그 순서는 지-덕-체를 갖고 나에게 지혜를 줄 수 있는 3명을, 사랑을 나눌 수 있는 3명을, 용기를 줄 수 있는 3명을 제 드림보드에 적어 놓았죠. 가까운 곳에서부터 먼저 찾고, 그다음 폭넓게 멘토를 찾아서 그분이 가진 좋은 점을 따라 하며, 더 발전시키려 했어요. 그리고 닮고 싶은 롤모델을 S-모델 기준에 맞는 분들로 찾았어요. 존경하는 분들까지 그 기준에 맞춰서 적어 보면, 그 자체만으로 왠지 뿌듯하고 행복해져요. 좋아하는 것을 가까이에 두는 것이 긍정적인 환경을 만들죠. 그러면 그 공간(환경) 속에서 자연스럽게 함께 성장하는 걸 경험할 수 있어요.

● 윤코치의 롤모델 찾기 사례 ●

구분	지(지혜)	선정이유	덕(사랑)	선정이유	체(용기)	선정이유
이름	어머니	언제나 긍정, 모든 면 존경	빌게이츠	기부문화 선도	이순신	불멸의 정신
	멘토코치	성장지원, 아낌없는 배려	마더테레사	가난한 사람의 어머니	노벨	과학의 진보, 세계평화 염원
	세종대왕	세상에 기여, 창의성	김도연 코치	마스터 마인드	에디슨	도전과 용기

나쌤	다양하게 응용할 수 있군요. S-모델 코칭은 막막할 때 사용하면 정말 좋은 기준과 방향을 잡을 수 있는 도구가 될 거 같아요. 코칭이야말로 시간이 갈수록 정말 매력적입니다.
윤코치	몇 가지 중요한 원칙을 다시 한번 알려드릴게요. 눈을 감고 내 안에 진심으로 바라고 원하는 것에 귀를 기울이세요. 그것이 이끄는 대로 실행해보고, 어려움이 올 때면 리프레이밍(고정관념 바꾸기)하면서 실행해 보세요. 실상은 보이지 않는 것(무의식)이 나를 움직이고 그 주인(나)이 이 세상을 움직입니다. 코칭에서는 사람의 무한한 가능성을 신뢰하죠. 우리는 그 누구보다 위대하다는 것을 꼭 기억하셔야 해요. 코칭은 도구라기보다 진심이 움직이는 예술과 같아요. 진심이 전달되어야 작품이 완성되듯, 나의 진심은 그 어떤 도구보다 훌륭합니다.
나쌤	다시 들어도 꼭 필요한 원칙이네요. 코칭 철학에서 말하는 '인간은 스스로 답을 창조할 수 있다'처럼 제 안에 무한한 잠재역량을 신뢰할게요. 그 신뢰를 바탕으로 제 주변과 세상에 좋은 영향력을 나누고 싶습니다.
윤코치	내가 좋아하는 것을 맘껏 할 수 있는 것 그게 최고입니다. S-모델은 자신의 강점과 개발할 점을 스스로 볼 수 있는 도구가 될 것이고, 좋은 멘토와 롤모델도 찾을 수 있게 해줄 거예요. 그것을 다양하게 응용해서 실제 삶에서 도움이 되면 좋겠어요.

나의 S-모델 채우기
'S-모델 + 핵심 키워드 코칭: 꿈과 목표의 방향을 정할 때 사용하자'

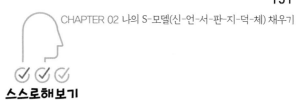

스스로해보기

※ 여러분도 작성해보세요.

<S모델 작성을 위한 사전 Check List>

구분	신 좋은 이미지	언 말하기	서 표현	판 유연한 사고	지 지혜	덕 사랑	체 용기 있는 행동
강점							
개발할 점							
멘토							
선정이유							
개발 목표							

<나의 S모델(신언서판지덕체) 작성하기>

구분		내용 작성하기
시	원하는 첫 이미지는 무엇인가?	
언	자신이 듣고 싶은 말은 무엇인가?	
서	어떤 표현을 자주 하고 싶은가?	
판	고난을 극복하는 한마디는 무엇인가?	
지	상황별 이미지는 무엇이고, 어떻게 대처할 것인가?	매우 만족: _____ 만족: _____ 보통: _____ 불만족 _____ 매우 불만족: _____
덕	나와 타인을 사랑하는 방법은 무엇인가?	나: 타인:
체	어떻게 실천할 것인가?	

내 삶의 드림 포트폴리오(Dream Portfolio) 만들기

생생한 나의 미래를 글로 적고 눈에 보이는 곳, 가까운 곳에 있게 하자!

쉬운 것부터! 바로 할 수 있는 것부터 시작! 멈추지 말자!

내 삶의 최종목표를 세세하게 나누자!

휘리릭! 탁! 탁!

사무실 한쪽에서 서류를 찾는 소리가 요란하게 들려왔다. 소리가 들리는 쪽으로 고개를 돌려보니 자갈처럼 널브러진 문서파일을 뒤적이며 땅이 꺼져라 한숨 쉬는 나혼란 과장과 자기관리와 리더십으로 유명한 한정리 파트장이 보인다. 나과장은 금방이라도 눈물을 쏟을 것 같은 기세다. 둘의 분위기가 심상치 않음을 느낀 직원들은 소리 죽여 조용히 그들을 지켜보았다.

"나 과장! 지난주에 시킨 보고서를 아직도 진도 체크가 안 되면 어떻게 하나?!"

"파트장님... 죄송합니다. 하고 있는 일들이 너무 많아서 정리가 너무 어려워서요. 그때그때 닥치는 일을 해내기도 버거운데 자꾸 새로운 일이 생기니..."

말은 그렇게 하고 있지만 나과장의 눈빛은 원망으로 가득 차 보였다. 이윽고 그런 나과장을 데리고 파트장은 회의실로 사라졌다. 보나 마나 조용한 곳에서 호되게 혼나고 있을 것이라 예상했으나 웬걸! 반전이다. 자리로 돌아온 나과장의 표정이 훨씬 편안해진 것이 아닌가. 득달같이 달려가서 무슨 일이 있었는지를 캐물었다.

"사실... 제가 요즘 삶이 복잡해서 심란하던 터라 업무에도 지장을 준 것 같아요. 파트장님께 솔직히 이야기를 드리니 본인의 경험담을 말씀 주시면서 다독여 주시지 뭐에요. 그리고는, 지금 일어난 일들 중에 가장 중요한 것이 무엇인지를 설정하고, 더 크게는 인생의 다양한 부분들을 일목요연하게 정리해보라고도 조언해주셨어요. 공감해주신 것도 감사했고, 말씀을 듣고 나니 일단 제 삶을 구체적으로 적어보면 도움 될 것 같다는 희망이 생기더라고요."

나과장의 이야기를 들으며 지난번 코칭 시간에 다루었던 라이프 밸런스 휠 도구가 떠올랐다. 조만간 함께해 볼 것을 제안했더니 그녀는 매우 기뻐했다. 그 약속을 뒤로하고 다시 각자의 업무자리로 돌아왔다. 이번 코칭 시간에는 그보다 더 큰 개념인 삶의 드림 포트폴리오를 구성하는 방법을 배우기로 했는데 나눠줄 것이 많은 사람이 되어간다는 생각에 벌써부터 심장이 두근거린다. 야호!

윤코치   오늘은 내 삶의 포트폴리오 만들기를 할 거예요. 우리는 종종 특정 단어나 문장, 글, 그림, 영상 등 접하는 것에 따라서 그 사람의 삶이 바뀌게 되는 것을 볼 수 있어요. 내가 원하는 미래를 내 삶 가까이에 두고, 그 꿈과 미래가 이뤄질 수 있도록 하는 것이 '내 삶의 포트폴리오 만들기'입니다. 제가 작성한 드림리스트를 예시로 보여드릴게요.

<윤코치의 드림 포트폴리오 예시>

S 잘하는 것

[뭔가 다른 것들 만들기] 창의력, 유연성,
도전정신, 좋은 인간관계,
선택과 집중, 열정, 신뢰, 따뜻한 성품,
기여, 가치 창출

W 개발할 것

[성장 지속하기] 어휘실력,
골프 꾸준히,
지나친 배려, 속도
전문영역 확장, 쉼, 지혜,
건강관리, 예술감각

원하는 것

창의학교, 베스트 셀러 작가,
디지털 크리에이터, 노벨문학상,
기부왕, 존경 받는 인물 1위,
프로야구단장,
수영장 있는 집, 캠핑카, 농장

직업

석학, 프로스포츠 멘탈코서,
CF모델, 발명가, 투자가,
전문 트레이너, 글로벌 사업가,
영화배우, 감독, 쉐프

여가

MLB 전구장 관람,
자연 속 공간 갖기,
공연하기, 여행작가,
세계여행,
사진작품 만들기,
캠핑,
스포츠 즐기기,
탐사, 창작하기

원하는 칭찬

'늘 함께 웃을 수
있는 매력적인
최고의 CEO'

사랑

사랑 받는 부자,
동물 키우기,
화분가꾸기, 공간만들기,
그림, 음악, 댄스,
몰래 돕기, 선한 영향력
친구와 우정 나누기

사회 활동

동호회 장단, 전시회, 강연,
사회적 기여, 교육자, 멘토
코치, UN 연설, 교수,
요리봉사, 국제 구호가

미래

글로벌 베스트 셀러 작가,
뮤지션, 세계적 위인, 창의학
교장, 낭만코치, 캐릭터 만들
기, 좋은 집 나눠주기, 여행가,
낭만크리에이터, 전략기획가

O 새로운 것

[가치 창출] 지식, 집중력,
감각, 기회 활용, 창의적 자산 공
유하기, 남다른 생각, 순수, 배
우는 즐거움, 교육역량, 인성

T 전략적으로

[전략적 선택-함께하기]
팀웍, 시스템, 새로운 시도,
적용, 빠른 조정
최고와 함께, 늘 웃는 긍정,
사랑, A/P, 워라벨 실현

나쌤	한 장으로 만드는 드림리스트군요. 꿈과 목표를 한눈에 볼 수 있어서 좋아요.
윤코치	포트폴리오의 가장 큰 장점은 내가 설계한 것들을 한눈에 볼 수 있게 가시화시킬 수 있다는 것이에요. 우리가 처음에 나누었던 내용을 잘 기억해 보면, 긍정자원을 늘 가까이에 두라고 했었죠. 나에게 좋은 에너지를 주는 것들과 함께하는 습관을 갖는 게 중요해요. 내 삶의 포트폴리오가 그런 역할을 할 수 있어요. 라이프 밸런스 휠을 하면서 만들었던 드림노트와 연간 액션플랜을 짜면서 나온 산출물들을 바탕으로 포트폴리오를 구성하면 돼요. 완성된 것을 자주 접하는 장소에 부착해서 잘 보이게 해두면 실행력이 높아지게 됩니다.
나쌤	저도 한번 작성해보겠습니다.

<나쌤의 드림 포트폴리오 예시>

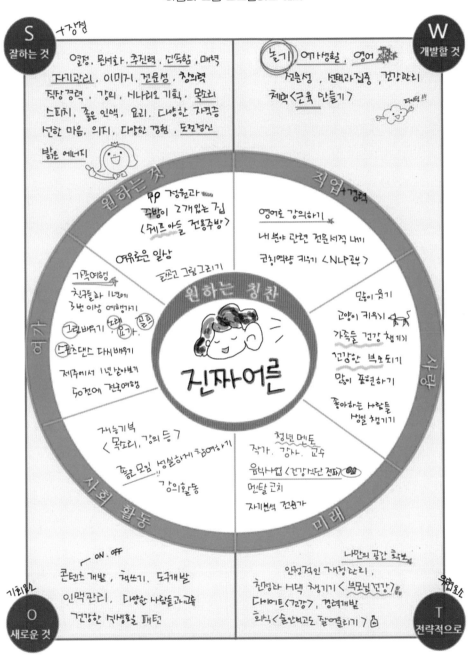

윤코치　와우! 잘하셨어요. 작성하시면서 어떠셨나요?

나쌤　제가 그동안 함께 했던 코칭 내용을 살펴보니까, 하나씩 함께했던 순간들이 떠오르더라고요. 그럴 때마다 가까운 곳에 이미지화를 해서 보고 싶다는 생각을 했었는데, 이번 기회에 종합 정리해서 나만의 포트폴리오를 만들 수 있어서 좋아요!

윤코치　배운 것을 그대로 두면 시간이 지나면 잊혀지게 되겠죠? 표현할 수 있는 지식이 진짜 지식입니다. 내 안에 살고 있는 생생한 열정을, 이제부터 구체적인 시각화 작업으로 나만의 포트폴리오를 완성해 보세요. 완성된 나만의 포트폴리오를 보며, 늘 선물 같은 삶을 살게 해주고 싶네요.

나쌤　선물 같은 삶이라는 표현이 정말 맘에 드네요. 라이프 밸런스 휠에서 상상했던 미래가 하나씩 달성되고 있는 걸 체험하고 나니까, 앞으로 정말 설레는 삶이 될 거라서 기뻐요.

윤코치　쉬운 것부터, 내가 선호하는 것부터, 강점 자원을 살릴 수 있는 것부터, 잠재의식이 흔쾌히 즐거워할 것부터, 자신의 매력적인 브랜드를 만들어 내듯이 하나씩 정리해 보세요.

나쌤　뭐든 직접 해보는 게 최고인 거겠죠. 코치님은 내 삶의 포트폴리오를 만들어서 어디에 보관하고 계신가요? 잘 볼 수 있는 좋은 방법이 있나요?

윤코치　요즘 스마트폰을 다 갖고 있잖아요. 스마트폰으로 언제든 볼 수 있게 사진첩이나 SNS계정을 활용해요. 집을 나가려면 반드시 지나야 하는 냉장고 측면에도, 바라는 좋은 이미지를 부착해 놓았죠. 그 덕분에 집에 들어가고 나갈 때마다 매일 좋은 에너지를 받아요. 그리고 책상 앞에는 좋은 글과 함께 매년 작성해서 실행하고 있는 연간 액션플랜이 있습니다. 바라보면 언제나 웃고 있는 긍정적 자원들이 집안 곳곳에, 눈 뜨면 볼 수 있는 가까운 곳에 아주 많아요.

나쌤　핸드폰에 두고 보는 것도 좋은 거네요. 늘 함께하고 있으니 그리고 SNS를 활용하는 것도 좋겠어요. 저도 제 삶의 포트폴리오를 언제든 볼 수 있도록 할게요.

스스로해보기

내 삶의 드림 포트폴리오

※ 여러분도 작성해보세요.

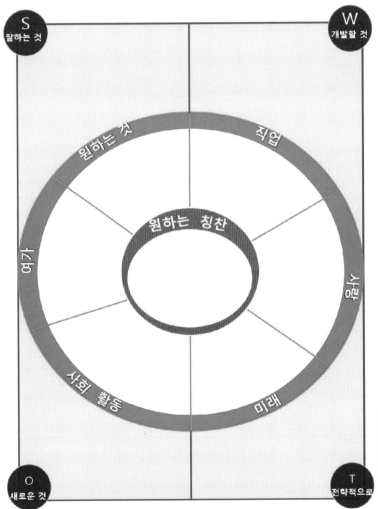

PART 05

최고의
멘토코치는
'나'다!

나의 사명서 작성하기

반복해서 생각하는 것은 현실이 된다
빨리 가는 것보다 중요한 것은 올바르게 가는 것이다
현명한 인생지도이자 나침반을 찾아서 스스로 리딩하라

난 국가대표급 길치다. 남편은 위대한 문명의 혜택 중 하나라며, 알지도 못하는 내 비게이션 발명자에게 감사와 찬사를 보낼 정도이다. 이런 내가 출장지에서 돌아오는 길에 겪었던 어느 날의 일이다. 고속도로를 한참이나 주행하던 중에 이정표를 확인하니 서울의 구로 부근을 지나고 있었다. 아뿔싸! 분명히 내 목적지인 인천을 찍었는데 난데없이 웬 서울? 나중에 알고 보니 오래된 휴대폰에 말썽이 생겨 내비게이션이 직진 상태에서 멈춘 지 한참 지난 터였다. 쓴 헛웃음이 나왔다. 나중에서야 이 일을 회상하며 자칫하면 부산까지 갈 뻔했다는 우스갯소리로 동료들과 남편에게 너스레를 떨었지만, 그 당시엔 참말로 당혹스러움 그 자체였다. 거기에 쏟은 시간과 에너지가 얼마나 아깝던지.

삶도 마찬가지이다. 목적이 없거나 방향이 잘못된 상태에서 쏟아내는 열정은 그 끝이 매우 찜찜하고 아렸던 경험이 많다. 누구나 분명한 자신의 방향성을 갖는 것이 중요한 건 알고 있을 것이다. 그런데도 나의 경우엔 매번 그 목적과 방향성을 설정해보려 시도하다 실패한 적이 여러 번이다. 내 삶이 최종적으로 도달하고자 하는 목적이 무엇일까. 조금 거창하긴 하지만 나의 사명이랄까. 오늘 마지막 코칭 시간에는 이 부분을 여쭤봐야겠다.

나쌤 코치님, 안녕하세요. 벌써 오늘이 마지막 코칭이네요. 뭔가 뿌듯하면서도 아쉬움이 큽니다.

윤코치 그러게요. 시간이 참 빠르죠? 그동안의 시간들을 그만큼 밀도 있게 보냈기 때문이라 여겨지네요.

나쌤 네, 코칭을 받으면서 많은 것이 달라졌어요. 나를 안다는 것, 세상을 다른 시각으로 볼 수 있다는 것, 타인을 이해할 수 있다는 것이 제게 큰 힘이 되고 있어요. 그런데 살짝 고민이 드는 건 코칭이 끝나고 난 후에도 유지가 될 수 있을지 자신이 없어요.

윤코치 반복의 힘을 믿으세요. 지금까지의 태도를 보면 충분히 잘 해내시리라고 봅니다. 그리고 또 하나 중요한 장치를 우리가 심어두었죠. 바로 복습하느라 자신의 언어로 정리해두었던 내용들이에요. 마음이 약해질 때마다 그 자료들을 보면서 다시 회복하면 됩니다.

나쌤 아! 그러네요. 그 자료가 많은 도움이 될 것 같아요.

윤코치 그래요. 오늘은 마지막 날이라 나쌤의 이야기를 먼저 들어보고 싶네요. 혹시 요즘 하시는 생각이나 오늘 꼭 다루었으면 하는 주제가 있나요?

나쌤 요즘 하고 있는 생각이라... 흠... 세상이 많이 달라진 것 같아요. 재수 없으면 150세까지 산다는 말이 왕왕 나올 정도로 인간의 기대수명은 늘어났고, 그만큼 앞으로 살아갈 날이 훨씬 더 길잖아요. 그래서 남은 인생에 대한 고민이 좀 있어요. 내가 가고자 하는 인생의 방향은 무엇인지, 어떻게 하면 더 행복하게 살 수 있을 것인가에 대해서요.

윤코치 아하! 매우 중요한 고민을 하고 계셨군요. 좋아요.. 오늘 함께 삶의 방향을 명확하게 짚어보도록 하죠.

나쌤	우와! 오늘 저만의 멋진 사명이 생기는 건가요. 코치님은 요술봉 같아요. 제가 무슨 말만 하면 뚝딱하고 내어 주시니 신기할 따름이에요.
윤코치	하하하. 칭찬 감사해요. 삶의 방향성이나 목적은 코칭에서도 중요하게 다루는 부분이에요. 속도보다 정확성! 어디로 갈 것인지 분명하게 정해지고 난 뒤에 내는 속도가 진정한 의미가 있는 법이죠. 또한, 진정한 목표가 없다면 넘어져도 다시 일어나야 할 이유를 찾기 어려워요. 이를 심리학적 용어로 회복탄력성이라고 해요.
나쌤	회복탄력성! 많이 들어봤어요. 문제에 봉착했을 때 헤쳐나갈 수 있는 힘이 되기도 하고, 실패를 빨리 극복할 수 있는 정신적인 힘 같은 거죠?
윤코치	정확하게 알고 계시네요. 구체적으로 보면, 다양한 고난과 시련, 실패에 대한 인식을 오히려 극복하고, 성장할 수 있는 발판으로 삼아 더 높이 뛰어오르는 마음의 힘이라고 정의할 수 있어요. 사람마다 이 탄성이 달라서 똑같은 부정적 사건이 발생해도 다른 결과를 만들어내는 것이죠.
나쌤	오~ 회복탄력성은 한마디로 고통을 성장 동력으로 만드는 마음의 근력이네요!
윤코치	좋은 표현이에요. 회복탄력성에 도움을 주는 것이 바로 '명확한 사명'입니다. 지금까지 우리는 코칭을 통해 나를 객관화하고, 관리하는 방법을 배웠어요.
나쌤	명확한 사명은 어떻게 작성하나요?
윤코치	내 인생의 베스트 or 워스트 찾기와 편지쓰기, 매력 찾기, 매력카드는 사명선언서 작성을 위한 브리지(bridge)의 역할을 해줄 거예요. 일기나 낙서를 쓰듯이 편하게 작성하실 수 있어요. 어떤 것을 먼저 해볼까요?
나쌤	베스트 or 워스트 찾기가 재미있을 것 같아요.
윤코치	잘 선택하셨어요. 인생에서 누구나 경험하게 되는 최고의 순간과 그 반대를 5개씩 작성해 보는 거예요. 이것을 작성하다 보면 내 인생에서 좋은 경험과 안 좋은 경험에서도 각각 교훈을 얻게 되어요. 그 교훈이 사명서로 작성할 재료가 되어요.

나쌤   갑자기 생각하려니까 잘 떠오르지 않는 것도 있고 다섯 개를 꼭 다 채워야 하나요?

윤코치   코칭은 언제나 즐거운 선택이라는 걸 잘 기억해 두세요. 시간적 여유를 두고 차근차근 생각해 보셔도 되고요. 가능한 한 다 채워보도록 해보면 교훈을 찾기가 수월할 거예요.

나쌤   드디어 다 작성했어요!

(1) 성공과 실패에서 교훈 찾기

번호	BEST 5	교훈	WORST 5	교훈
1	학생 때 1등	1등만이 누릴 수 있는 자신감 최고의 자리를 쟁취하기 위해서는 혼자만의 시간이 필요함(새벽시간에 집중) #자주성. 영리함	주변의 시기와 질투, 소외감	세상엔 정말 다양한 사람들이 많다. 머리로는 아닌 줄 알면서도 행동은 그렇지 못한 사람들을 경험하고 이해하게 됨. #사회성
2	컴퓨터 프로그래밍 대회 은상수상	평소 실력이 진짜 실력이더라. 내가 나를 너무 과소평가했다는 것. 잘하고 있는 나를 발견 #자신감, 준비성	아픈 엄마와 관련된 일	화가 나고… 피하고 싶고… 이해하게 되고… 감싸 안을 수 있게 되는 과정을 겪으며 그렇게 성장하고 있다. #포용력, 유연함
3	회사에서의 목표 달성	원하는 최종 목표를 이룬 다음의 허탈감(목표상실 증후군)을 경험하고 목표를 길게 잡아야 한다는 것을 알았음 #성취감, 자신감, 동기부여, 장기적 목표의 필요성	친한 친구와 어울리지 말라고 매를 드셨던 아빠	친구는 잘못이 없고 오히려 내가 더 문제를 많이 갖고 있었는데 잘 모르는 상태에서 의심하면 참으로 억울한 것이라는 걸 깨달음. 나중에 아이를 낳으면 난 절대 그러지 않으리라 다짐했었음. #믿음

4	교육과정 우수졸업	스펙이 가장 취약했던 내가 성실함으로 이루어낸 결과. 입학 대비 졸업성적은 우수 역시 성실함은 어디를 가나 필수! #성실함 #탁월함	존경하는 선배의 죽음	존경하고 좋아하는 사람에게는 원 없이 표현할 것. 언제 어떻게 될지 예측할 수 없기에… 떠도는 소문은 믿지 말 것. 내가 아는 그분의 이야기를 망자가 되었다고 수군거리는 이야기들이 매우 고통스러움. #긍정적인 감정은 다 표현할 것 #떠도는 소문은 믿지 말 것
5	연애, 인간관계	사랑, 만남은 다른 사람의 세계를 경험하고 나의 세계를 확장해 나아가는 계기이자 기회. 그래서 참으로 감사한 일. #배우려는 자세. 성장	첫사랑 실패	사람을 대하는 방법이 서툴렀다는 것. 사랑받는 방법을 몰랐다는 것. #모든 순간 최선을 다해야 후회가 없다는 것

윤코치 성공과 실패의 교훈찾기 내용에서 가장 중요한 키워드를 최대한 많이 찾아볼까요?

나쌤 '성실, 탁월, 긍정적인 감정 표현, 배우려는 자세, 성장'이요.

윤코치 좋은 키워드를 찾으셨네요. 이제 이것이 사명서에 들어갈 거예요. 그리고 우리가 앞에서 해봤던 매력카드에서 가장 맘에 드는 키워드랑, 내 안에 매력 찾기에서 찾은 것도 포함할 수 있어요.

나쌤 제가 잘 정리해 두었는데 공통적으로 나오는 키워드가 있어요.

윤코치 사명서는 내 삶의 지향점을 나타내 주는 아주 중요한 목표가 되는데, 공통적으로 나오는 키워드가 사명서의 핵심키워드가 될 수 있어요. 잠재의식 속에서 계속 좋아하는 것으로 나오면 그 키워드에 맞게 살아갈 수 있어요. 우리 다른 것도 해볼까요?

나쌤 미래편지, 이것은 미래의 내가 현재의 나에게 쓰는 건가요?

윤코치 맞아요. 미래의 나쌤이 현재의 나쌤에게 하고 싶은 말을 편지로 옮기는 거예요. 이 편지에 진심이 담기면 정말 감동이에요. 진심을 다해서 작성해 보세요.

(2) 80살 성공자의 관점에서 교훈 찾기<편지 쓰기>

Dear. 나쌤에게...

나쌤...

너와 마주 앉아 대화 나누며 해주고 싶은 이야기가 참 많은데,

그럴 수 없으니 이렇게 편지를 남긴다.

많이 힘들고 지치지?

참 열심히도 살았지... 그때는 그걸 모르고 살았는데... 넌 참 멋진 아이야.

늘 끝까지 해내려고 버텼고, 편견의 장애도 넘어서려고 애썼지.

늘 자신을 다독였고, 선한 마음으로 사람들을 품으려고 노력했고.

가족을 보호하려고 했던 너의 마음도 참 착하다. 잘했어.

지금은 그 무엇도 이루어지지 않은 것 같아 마음이 힘들 때도 있지만,

다 잘 되는 날이 분명히 오니까 걱정은 내려두렴.

조금만 마음을 가볍게 먹고 인생을 즐겼으면 좋겠어.

넌 항상 최선을 다했고, 매 순간 참 착했어.

너무 아등바등 쫓기며 살지 않았으면 좋겠어. 친구나 동료들과 좋은 시간도 보내고, 가족과도

더 많은 시간을 보내렴. 여행도 자주 다니고, 늘 즐거운 시간들로 너의 인생을 채웠으면 좋겠다.

그리고 지금이 얼마나 젊고 아름다운 때인지 꼭 기억했으면 해.

많은 사람들을 만나고, 사랑하고 베풀고... 그렇게 사이좋게, 행복하게 지내렴.

나쌤   미래편지, 신기해요. 미래의 제가 살아 있는 거 같아요. 편지를 쓰면서 꼭 제 옆에 있는 거처럼 뭔가 힘을 주는 것도 같고... 쓰면서 감동해서 살짝 울컥하기도 했어요. 잠재의식 깊은 곳에 울림이 전해져요.

윤코치   편지를 정말 잘 쓰셨네요. 진짜로 감동할 만 해요. 저도 읽으면서 함께 감정이입이 되네요. 제가 봐도 생생하니까, 하나씩 작성해 보면서 가슴에 와 닿는 것이 있을 거예요.

윤코치 편지의 내용에서 가장 중요한 키워드 세네 가지를 찾아볼까요?

나쌤 흠... '받아들임, 내려놓음, 즐거운 시간, 꾸준함'이요.

윤코치 이번에도 잘하셨어요. 이제 그럼 아래 양식에 맞게 문장으로 만들어 볼게요. 우리가 앞에서 (1) 성공과 실패에서 교훈 찾기와 (2) 편지 쓰기에서 선택한 키워드와 문장을 참조해서 사명서를 작성하시면 돼요.

나쌤의 사명 선언문

나의 사명은

진짜 어른이 되어 많은 사람들에게 선한 영향력을 행사하는 것입니다.

사명을 위해 나는,

1. 인생에서 벌어지는 다양한 일들을 유연한 마음으로 받아들이고 인정하겠습니다.

2. 가벼운 마음으로 인생을 즐기고, 배우고자 하는 마음가짐으로 삶을 대하겠습니다.

3. 나의 탁월함이 성실함을 만나는 순간 나는 최고로 성장한다는 사실을 기억하겠습니다.

4. 긍정적인 감정표현을 사람들에게 많이 나누어 주고, 소문은 신뢰하지 않겠습니다.

5. 나만의 운동과 건강한 식습관을 통해서 건강한 몸과 마음을 만들겠습니다.

윤코치 멋진 사명 선언문이 만들어졌네요! 축하합니다. 지금까지 잘 해온 것처럼 앞으로도 멋지게 미래를 만들 거라 생각해요.

나쌤 네, 고맙습니다. 오늘이 마지막이라 생각하니 서운해요.

윤코치 한 번 코치는 영원한 코치! 언제나 나쌤을 응원할 테니 우리는 늘 함께입니다. 👨‍🦳

함께해보기

STEP I. 내 인생의 BEST와 WORST 사건 찾기

번호	BEST 5	교훈	WORST 5	교훈
1				
2				
3				
4				
5				

STEP 2. 80살 성공자의 관점에서 나에게 편지 써보기

STEP 3. 사명 선언문 작성하기

_____의 사명 선언문

나의 사명은

_____

사명을 위해 나는,

_____

_____

_____

_____

_____

_____

'순수함과 깨끗한 대화'

윤석민 코치님을 처음 만났을 때부터 지금까지 한결같이 느끼는 것은 '인간의 순수함에 대한 위대함'입니다. 그리고 코칭의 과정을 한 단어로 정의한다면 '깨끗한 대화'라고 말하고 싶습니다. 지금에 와서야 밝히지만, 비즈니스 세계에선 보기 드문 코치님의 순수한 모습이 처음에는 매우 낯설고 간지럽기까지 했어요. 시간이 지날수록 영혼의 민낯 그대로를 보여줄 수 있는 코치님의 용기가 부러웠고, 저 또한 사회적 가면을 훌훌 벗어 던지고 자유롭게 살고 싶다는 열망이 커졌습니다. 순수한 에너지에 어느 순간 제 무의식이 꿈틀대기 시작한 것이지요.

인간은 반평생을 사회가 요구하는 모습으로 살아가기 위해 사회적 페르소나를 쓰고, 나머지 반평생은 그 페르소나를 벗어나기 위해 노력하며 산다고 합니다. 저는 그 변화의 경계 부근에 있을 때 즈음에 운 좋게도 코칭을 만나게 된 것이지요. 책에는 지면의 한계로 전체 코칭 내용 중 일부만 다루었지만 실제로는 2만 5천 시간이 넘는 기간을 코치님과 함께하면서 많은 것을 깨달았습니다.

코칭을 만나기 전의 저는 직장과 가사, 학업을 병행하면서 여러 문제들을 등에 짊어진 짐꾼처럼 삶이 팍팍하기만 했습니다. 지쳤는데 지친 줄 모르는 흔한 현대인들 중 한 명이었어요. 코칭이 놀라운 이유는 이런 제 세상의 알을 깨고 나오는 과정이 생각보다 꽤 즐겁고 물 흐르듯 자연스러웠다는 것입니다. 변화에 대한 강요는커녕 칭찬과 격려, 코치님의 무한 지지 속에서 많은 에너지를 얻을 수 있었기 때문이에요. 물론, 새롭게 깨달은 사실들로 인해 세상의 편견과 대립해야 하는 순간도 있었고, 어떤 때는 저 자신의 패러다임을 넘어서는 고통을 감수해야 할 때도 있었죠. 그럼에도 불구하고 그 과정이 늘 감사했습니다.

지금도 완벽하지는 않지만, 예전보다 세상의 편견에 덜 휘둘리며, 자신의 소신과 사명으로 살아갈 수 있는 단단한 인간이 되었습니다. 제 삶 곳곳에 코칭이 적용되어 저와 제 주변 사람들에게 좋은 에너지를 주고 있습니다. 많은 분들이 저와 같은 경험을 하면 좋겠다는 코치님과 저와의 의견일치로, 본 도서를 집필하게 되었습니다. 저의 소망은 부디 많은 분들이 저의 소중했던 경험처럼 자신을 알아차리고, 장점을 발견하고, 용서하고, 틀에 박힌 편견과 구속에서 조금 더 자유로워지셨으면 합니다.

'사람이 순수하면 세상 물정을 잘 몰라', '양보는 무슨, 그냥 봐주기만 하면 호구 취급받아', '정직하게만 돈 벌면 부자가 될 수 없어', '회사생활 잘하려면 능력보다 끈 있고 빽 있어야 해.'

비정상적인 논리들이 정상인 것처럼 통용되는 세상입니다. 비록, 욕망의 에너지는 강렬하더라도 그 순간은 짧고 괴로움은 길어집니다. 반면, 순수함은 은은하더라도 오래 갈 수 있는 힘이 있다는 사실도 코칭을 통해 알게 되었습니다. 그래서 저도 윤석민 코치님처럼 묵묵하게 순수하고 자유로운 영혼이 되어 세상을 살아보려고 합니다.

정상이 정상 되는 세상을 기원하며,

진짜 어른이 되는 그 순간까지 끊임없이 노력하겠습니다.

여러분의 삶이 언제나 행복하고 평안하시길 바라며...

강혜옥 올립니다.

에필로그

'사람을 살리는 일. 더 깊은 코칭에 빠지다.'

제가 하는 일에 만족도를 100% 만점 기준으로 물어보신다면 그 10배인 1000% 만족한다고 단 0.1초의 망설임 없이 대답합니다. 그만큼 코치라는 직업에서 너무나 큰 행복의 절정을 자주 경험합니다. 아낌없이 '사람을 사랑하는 마음'을 나누다 보면 힘들어도 힘든 줄 모릅니다. 코칭은 코치이가 있는 자리에 코치도 함께 머물러 주는 것, 같은 곳을 바라보며 스스로 앞으로 나아가게 하는 것이 전부입니다. 어쩌다 삶을 내려놓기 직전 지푸라기라도 잡는 심정으로 찾아오신 분들도 코칭 후 긍정적으로 변화되는 경우가 많았습니다. 그분들은 아직도 저를 생명의 은인이라 부릅니다. 과찬의 말씀에 부끄러워 몸 둘 바 모르겠으면서도 코치로서의 자부심과 무한한 감사함이 가슴속에서 뜨거운 열정으로 폭발합니다.

누군가의 삶이 희망적으로 변화하는 과정에 동행하는 것은 매우 신비롭습니다. 한번은 10년 뒤의 모습이 어떨지 묻는 질문에 서울역 노숙자로 살 것이라고 대답하는 청년을 만난 적이 있습니다. 자신의 삶이 제대로 된 것이 하나도 없다며, 큰 절망감과 자괴감에 빠져있는 상황이었습니다. 코칭을 시작하고 처음 30분은 아무 말도 하지 않기에 저도 묵묵히 기다려 주었습니다. 청년의 눈빛이 달라지는 순간을 포착하고 강력한 리딩기술로 정성껏 코칭을 진행했습니다. 그 과정을 다 담아낼 수는 없지만 결과는 기적적으로 자신의 삶에도 긍정이 올 수 있다는 희망찬 눈빛과 표정으로 변한 청년으로 재탄생했습니다. 노숙자가 될 뻔한 그 청년은 지금은 어떻게 살고 있을까요. 원하던 직업, 좋은 직장은 물론 행복한 가정을 꾸려 잘살고 있습니다. 제가 이 책을 통해 전하고 싶은 것은 우리 모두가 다 코치가 될 수 있다는 것입니다. 여러분도 코치가 되어 스스로는 물론 누군가를 도와 저와 같은 기쁨을 맛보셨으면 좋겠습니다.

'불가능을 가능하게 만드는 창조자'를 만나다.

코치와 코치이로 만남을 시작하여 본 도서의 공저자가 되기까지 인연을 함께 해온 강혜옥 코치님은 늘 '불가능을 가능하게 만들어 내는 창조자'의 모습을 보여주었습니다. 상상하기 힘든 퍼포먼스를 보여주며 성장하는 모습을 볼 때마다 경이로웠습니다. 한주도 빠짐없이 약속을 지켜가던 모습은 단단한 신뢰로, 목표를 하나씩 달성해가는 추진력은 지혜로운 리더십으로 기억됩니다. 열정과 지혜, 사람을 생각하는 마음은 좋은 코치의 모습 그대로입니다. 훌륭한 코치로서 선한 영향력을 전파할 것을 생각하면 멘토코치로서 너무나 보람차고 뿌듯해집니다. 코치와 코치이는 늘 같은 눈높이의 수평적 관계를 지향합니다. 평생 파트너로서 함께 할 수 있는 것에 깊은 감사의 마음을 전합니다.

이 책이 나오기까지 좋은 사랑으로 함께 해주신 박영스토리 노현 대표님, 조성호 이사님, ㈜아자스쿨 황선하 의장님, 김도연 코치님과 그 외에 도움을 주신 많은 분들께 진심으로 감사의 인사를 전합니다. 최고가 누구인지 물어보신다면 그 답은 바로 우리 자신입니다. 이 세상에서 우리 자신보다 더 소중하고 가치 있는 것은 없습니다. 우리에게 숨겨진 잠재역량을 꺼내서 더 빛나게 할 수 있다면, 그것은 내 인생 최고의 선택이 될 것입니다.

더 많이 사랑하고 또 사랑하며 사랑하겠습니다.
여러분의 즐거운 미래와 낭만을 응원합니다.
늘 함께 웃을 수 있는 낭만 코치
윤석민 올립니다.

멘토코칭

초판발행　　　2021년 2월 28일

지은이　　　윤석민 · 강혜옥
펴낸이　　　노　현

편 집　　　조보나
기획/마케팅　　　노　현
표지디자인　　　벤스토리
제 작　　　고철민 · 조영환

펴낸곳　　　㈜ 피와이메이트
　　　　　　서울특별시 금천구 가산디지털2로 53 한라시그마밸리 210호(가산동)
　　　　　　등록 2014. 2. 12. 제2018-000080호

전 화　　　02)733-6771
f a x　　　02)736-4818
e-mail　　　pys@pybook.co.kr
homepage　　　www.pybook.co.kr
ISBN　　　979-11-6519-096-5　03180

copyright©윤석민 · 강혜옥, 2021, Printed in Korea

정 가　　　14,000원